高等职业教育旅游类专业系列教材

旅游服务礼仪

LUYOU FUWU LIYI

◎主　编　杨红颖　王雪梅

◎副主编　王　敏　曹正莉

重庆大学出版社

内容提要

本书依据市场调研结果，立足职业功能分析和工作任务，构建4个礼仪基础项目，以及酒店、导游、航空、高尔夫4大旅游行业的礼仪工作项目。内容涵盖了学习任务、学习情景、案例分析、知识拓展，任务训练，体现出多样化的教学内容。本书根据行业标准系统学习工作任务，通过任务训练检验产出结果，使学生具有较强的社交能力和较高的礼仪素养，在岗位工作中通过实际操作提升服务行业整体服务水平，更贴合现代职业教育培养实用型人才的教育理念。

图书在版编目（CIP）数据

旅游服务礼仪 / 杨红颖，王雪梅主编. — 重庆：重庆大学出版社，2016.10（2020.1重印）
高等职业教育旅游类专业系列教材
ISBN 978-7-5689-0106-2

Ⅰ.①旅… Ⅱ.①杨…②王… Ⅲ.①旅游服务—礼仪—高等职业教育—教材 Ⅳ.①F590.63

中国版本图书馆CIP数据核字（2016）第200444号

高等职业教育旅游类专业系列教材
旅游服务礼仪
主 编 杨红颖 王雪梅
责任编辑：沈 静 版式设计：沈 静
责任校对：关德强 责任印制：张 策
*
重庆大学出版社出版发行
出版人：饶帮华
社址：重庆市沙坪坝区大学城西路21号
邮编：401331
电话：（023）88617190 88617185（中小学）
传真：（023）88617186 88617166
网址：http://www.cqup.com.cn
邮箱：fxk@cqup.com.cn（营销中心）
全国新华书店经销
重庆升光电力印务有限公司印刷
*
开本：787mm×1092mm 1/16 印张:12.5 字数：289千
2016年10月第1版 2020年1月第4次印刷
印数：8 001—10 000
ISBN 978-7-5689-0106-2 定价：49.00元

编委会

总　序

随着中国经济转型发展的不断深入，旅游业已经成为经济新常态的亮点和发展方向之一。根据世界旅游组织的预测，2020年中国将成为世界第一大旅游目的地国家，并成为世界第四大旅游客源国。云南省凭借得天独厚的自然旅游资源、丰富的人文旅游资源，云南旅游业得到了快速发展，已成为云南省重要的支柱产业和推动经济社会又好又快发展的重要引擎。为积极融入国家“一带一路”战略，实现“旅游强省”发展战略目标，云南迫切需要造就和聚集一支高素质的旅游人才队伍，以满足旅游产业全域式发展，推动全省旅游服务向国际化、标准化、专业化和品牌化的方向发展。高职高专旅游教育作为云南旅游教育的重要组成部分，肩负着为云南旅游业培养大量的应用型旅游专业人才的重任。

在研究和分析目前众多旅游高职高专系列教材优缺点的基础上，在云南省教育厅和世界银行贷款云南省职业教育发展项目云南省项目办的关心支持下，在英国剑桥教育集团、云南旅游职业学院校企合作、专业建设指导委员会的具体指导下，我们按照高职高专教育特点、符合高职高专教育要求和人才培养目标，既有理论广度和深度，又能提升学生实践应用能力，满足应用型旅游专业人才培养需要的专业教材目标，组织由企业、行业专家和学院骨干教师组成的教材开发团队编写了能覆盖旅游高职高专教育多个专业的8本“高等职业教育旅游类专业系列教材”。

本系列教材具有以下3个特点：

1. 按照“能力本位”原则确定课程目标。扭转传统教材目标指向，由知识客体转向学生主体，以学生心理品质的塑造和提升为核心目标，并通过其外部行为的改变来反映这些变化，突出培养学生在工作过程中的综合职业能力，充分体现了高等职业教育的职业性、实践性和实用性。

2. 坚持“行业、企业”专家导向组织内容。采用“行（企）业专家+专业教师+课程专家”的开发模式。打破传统教材开发形式，基于行（企）业专家提出的典型工作任务，在课程专家指导帮助下，由专业教师提炼出适配的知识、技能和态度等方面的教育标准，再通过多种技术方法设计教学任务，形成满足酒店管理、导游、旅游英语、空中乘务、休闲服务与管理、宝玉石鉴定与加工、计算机信息管理（旅游方向）等多个专业使用的教材。

3. 运用“学生能力本位”思想安排教学。由“教程”向“学程”，转变传统课堂教育中教师的主宰地位，成为促进学生主动学习的组织者和支持者，强调和重视学习任务与学生认知规律保持一致。保持各专业系列教材之间，课堂教学和实训指导之间的相关性、独立性、衔接性与系统性，处理好课程与课程之间、专业与专业之间的相互关系，避免内容的断缺和不必要的重复。

作为目前全国唯一的得到世界银行支持的高等职业教育旅游类系列教材，我们邀请了英国剑桥教育集团课程开发专家和云南省世界银行贷款项目办的教育专家作为本系列教材的顾问和指导，也邀请了多位在旅游高职高专教育一线从事教学工作的国内旅游教育界知名学者和企业界有影响的企业家参与本系列教材的编审工作，以确保系列教材的知识性、应用性和权威性。

本系列教材的第一批教材即将出版面市，我们想通过此套教材的编写与出版，为构建现代高等职业教育教材开发建设探索一种新的教材编写和出版模式，并力图使其成为一个优化配套的、被广泛应用的、具有专业针对性和学科应用性的旅游高职高专教育的教材体系。

云南旅游职业学院

2016年8月

前 言

《旅游服务礼仪》课程建设是世界银行贷款云南职业教育发展项目。按照课程建设要求编写《旅游服务礼仪》教材，教材体现出多样化的教学内容，更贴合现代职业教育培养实用型人才的教育理念——培养以职业能力为标准，以就业为导向的高素质、技能型专门人才。

旅游行业既需要有较强职业技能的人才，又希望这些人才具有良好的综合素质。旅游业的发展离不开一线工作人员的努力，一线工作人员的职业形象、文明语言、服务态度、行为举止等礼仪素养不仅体现了对客人的尊敬，也是个人素质的体现，更能体现企业的服务水平和管理水平。旅游企业在人才招聘环节就已经将礼仪素养作为招聘的重要考量要求。因此，《旅游服务礼仪》课程对旅游业的发展和旅游企业对员工的素质要求都具有重要意义。

本教材在英国剑桥教育集团徐涵老师的指导下，项目组专业教师与学科专家、行业专家多次进行研讨，首先完成市场调研，根据调研结果完成旅游服务礼仪课程标准的制定，以课程标准为依据编写《旅游服务礼仪》教材。教材立足职业功能分析和工作任务，构建了4个礼仪基础项目、4个工种工作项目，成为本教材的特点，教材中有学习任务、学习情景、阅读材料、案例分析、知识拓展、知识链接、小贴士、任务训练等内容。通过学习，使学生具有较高的礼仪素养，在岗位工作中通过实际操作提升服务行业整体服务水平，完善我国现代服务业向高端服务业发展的礼仪基础条件。

《旅游服务礼仪》课程建设项目由王雪梅负责，教材编写人员均为云南旅游职业学院教师，教材主编杨红颖、王雪梅，副主编王敏、曹正莉。具体编写分工：杨红颖（项目1中任务4，项目2中任务5，项目4中任务1和任务2）；王雪梅（项目3）；曹正莉（项目1中任务1~任务3，项目2中任务1~任务4）；王敏（项目8）；杨丽芳（项目4中任务3和任务4）；李郁（项目5）；黎志伟（项目6）；杨娅秋（项目7）；杨雪萍（项目8中任务2）。

本教材在编写过程中还参考了大量的有关书籍资料，并从互联网上获取了一些资料，教材中图片摄影主要由编写老师自己拍摄（角色扮演：李萌、刘翼铭、钱宝金、刘露、谢子扬、袁莺珂、马超、苏丽娟、陶思宇、钟依彤、方婷、董静、金思汐等），部分图片从网站下载（已注明出处）。谨此说明，对本教材所引用资料和图片的所有者致以诚挚的谢意。

特别感谢行业专家李军、支旭东、张东卫、梁良对本书的指导。

由于编者水平所限，书中若有不当之处，诚望广大读者给予批评指正。谢谢！

编　者

2016年7月

目　录

项目 1 礼仪

孔子曰："不学礼 无以立。"荀子曰："人无礼则不生，事无礼则不成，国无礼则不宁。"礼仪是一个国家、一个民族文明程度的重要标志之一，是社会文明进步的推动力，是塑造文明新人的行为范本。

【阅读材料】

某年中秋过后，三亚3千米海滩垃圾达50吨；某年国庆一日，天安门地区扫出近8吨垃圾；埃及3500年前的文物被刻上汉字"丁某某到此一游"……节假日，常常是游客在景区不文明的陋习集中现身之时。

随着我国经济持续快速发展和居民收入稳步增加，旅游休闲日益成为居民生活的重要内容。据统计，2014年，中国出境旅游突破1亿人次，境内旅游36.11亿人次。在如此巨大的人口基数面前，即便是少部分人的不文明行为，也会产生极大的影响。无论是随意插队、高声喧哗，还是随地大小便、在景区乱刻乱画，都是不文明的陋习。一般来说，选择节假日出游的公民，绝大多数经济条件都应该不会太差。不管是在家里、社区还是工作单位，很多应是遵纪守法的模范。为何一外出旅游，就把乱扔垃圾的陋习暴露无遗呢？从根本上说，还是文明素养并未内化为自觉行动。

在出境旅游过程中，大多数中国游客的言行大方得体，受到许多国家社会公众的欢迎。然而，一段时期以来，出境游客的不文明行为及所产生的负面影响逐渐凸显，相关安全及纠纷事件时有发生。在一些"全球最差游客"调查中，中国游客名列前茅。

任务1　认识礼仪

【案例导入】

一口痰"吐掉"一项合作

某医疗器械厂与外商达成了引进"大输液管"生产线的协议，第二天就要签字了。可当这个厂的厂长陪同外商参观车间的时候，习惯性地向墙角吐了一口痰，然后用鞋底去擦。他没想到这一幕让外商彻夜难眠，他让翻译给那位厂长送去一封信："恕我直言，一个厂长的卫生习惯可以反映一个工厂的管理水平。况且，我们今后要生产的是用来治病的输液皮管。贵国有句谚语：人命关天！请原谅我的不辞而别……"一项已基本谈成的项目，就这样被"吐"掉了。

一个人的举止风度不仅仅代表自己的形象，体现自己的教养，在一定的场合，个人的行为代表组织行为，个人形象代表组织形象。所以，我们每个人应自觉地遵守公共场所的礼仪，养成良好习惯，提高个人修养，从小处做好，商机才不会溜走。

【任务分析】

礼仪学习的重要性。

礼仪是指人们在社会交往中,由于受到历史传统、风俗习惯、宗教信仰、时代潮流等因素而形成，既为人们所认同，又为人们所遵守，是以建立和谐关系为目的的各种符合交往要求的行为准则和规范的总和。

1.1.1 礼仪的概念

人类社会的文明源远流长，在人类文明历史形成的同时，作为文明表现形式之一的礼仪也随之出现。古代礼仪本指敬神的法度、方式、规范与准则。礼仪发展的历史也跟随着人类社会逐步走向文明。现代礼仪是人们在文化传统、风俗习惯、宗教信仰、时代潮流等因素影响下形成的，是人们在社会交往活动中共同遵守的行为规范和准则。现代礼仪体现着人们的道德观念，确定着人们的交往准则，指导着人们的行动。

1.1.2 礼仪的含义

现代社会“礼仪”一词有了更加广泛的含义，其内容包含了礼貌、礼节、礼俗、仪表、仪式。研究者对它们的认识各不相同，有的认为是同一概念，有的又要准确区分，客观地从内涵上讲，它们既有区别又有联系。

1）礼貌

礼貌是指人们在相互交往时，言谈举止恭敬、友好的表现，它体现着一个人的基本品质。礼貌是待人接物时的外在表现，它是通过言谈、表情、姿势等来表示对人的尊敬。

2）礼节

礼节是人们在日常生活中，特别是在交际场合相互表示尊敬、问候、祝颂、致意、慰问、哀悼以及给予必要的协助与照料的惯用行式。礼节是礼貌的具体表现。

3）礼俗

礼俗指不同国家、民族、地区的人们在长期的社会实践中形成了各具特色的风俗习惯。“十里不同风，百里不同俗。”在人际交往中，人们必须做到入乡随俗。

4）仪表

仪表是个人外形的体现，包括容貌、服饰、姿态、表情、谈吐等方面。仪表可以表现人的精神状态和文明程度，是人的交际形象的重要组成部分。

5）仪式

仪式是在一定场合举行的，按照特定程序进行的有目的的集体性的礼仪活动。它具有集体性、主题性和程序性的特点。如迎送仪式等，为表示敬意而隆重举行的规范化活动，均属仪式的范畴。

6）联系与区别

礼貌、礼节、礼俗、仪表、仪式之间既相互渗透，又相互区别。礼貌是礼仪的基础，是礼仪的行为规范，是礼仪的外在表现形式。礼节是礼仪的基本组成部分，是礼仪的惯用形式。礼俗是人们约定俗成的礼仪形式，不同国家、不同民族、不同宗教信仰，人们遵循的礼仪习俗不尽相同。仪表是礼仪在个体身上的外在表现，主要是指一个人的外表给人留下的印象，也属于礼仪的外在表现形式。仪式是礼仪的程序化形式，是礼仪的集体性交际活动形式。礼仪既包括内在的内容，也包括外在的形式，它具有广阔的内涵，是一个完整的系统的过程，而不仅仅是一种行为或是一种做法。

任务2　礼仪的起源与发展

【案例导入】

程门立雪

宋代学者杨时、游酢二人，原先以程颢为师，程颢去世后，他们都已40岁，而且已考上了进士，然而他们还要去找程颐继续求学。相传，一日杨时、游酢来到嵩阳书院拜见程颢，但是正遇上程老先生闭目养神，坐着假睡。这时候，外面开始下雪。这两人求师心切，便恭恭敬敬地侍立一旁，不言不动，如此等了大半天，程颢才慢慢睁开眼睛，见杨时、游酢站在门前，吃了一惊，说道："啊，啊！他们两位还在这儿没走？"这时候，门外的雪已经积了一尺多厚了，而杨时和游酢并没有一丝疲倦和不耐烦的神情。

【任务分析】

程门立雪说明了什么？

无论是中国还是外国，礼仪文化源远流长。礼仪的起源与发展是一个漫长的过程，这个过程是社会决定的，随着社会的发展、进步，不断发展、变革，其内容不断丰富、更新，其功能日益增强。

1.2.1　礼仪的起源

对于礼仪的起源，研究者们有各种观点，下面主要介绍两种礼仪起源说。

1）原始祭祀

在原始社会，人类处于愚昧无知的状态，生产力十分低下，人们依赖于自然，屈从于自然，对千变万化的自然现象无法解释，于是就想象出各种神和鬼，作为崇拜的偶像。这是人们还没有认识到礼仪的真正起源时的一种信仰说教，是神崇拜的反映，代表了人类图腾崇拜时期对原始礼仪的一种认识。

2）社会风俗

事物的礼仪落到实处，与世故习俗相关，风俗的存在是普遍的、久远的、多样的，其中一部分风俗习惯被统治者条理化、规范化，成为广而用之的礼仪。当然，最早是皇宫的礼仪，后来才变成了百姓的风俗。

1.2.2 我国礼仪的发展

我国是人类文明的发祥地之一，素有“文明古国，礼仪之邦”的美称。从社会发展的历史脉络看，中国礼仪文化的演变，大致可以分为以下3个基本阶段：

1）礼仪的起源阶段（夏朝以前）

历史资料证明，礼仪最早产生于人与人的交往中。在原始社会时期，同一氏族成员在共同的采集、狩猎、饮食生活中所形成的习惯性语言、动作。不同氏族、部落的成员之间，彼此间为求得信任、谅解与协作而使用的一些被普遍承认、采用的语言、表情、姿势等，后来渐渐发展成为社会生活习惯，构成礼仪的最初萌芽。礼立于敬而源于祭，礼仪起源于原始祭祀活动。

2）礼仪的形成阶段（夏朝至辛亥革命）

从夏朝建立起，中国社会进入了奴隶制社会。统治阶级为了维护本阶级的利益，巩固自己的统治地位，修订形成了比较完整的国家礼仪和制度，礼仪已由最初的祭神逐步扩展到敬人，如“五礼”，就是一整套涉及社会生活各方面的礼仪规范和行为标准。西周出现了中国历史上第一部礼仪方面的重要著述《周礼》，并要求诸侯遵行，可见周朝是国家礼仪齐备的朝代。以后《仪礼》《礼记》又相继问世。《周礼》《仪礼》《礼记》称为古代“三礼”，是关于各种礼制的百科全书，是“礼”发展的重要里程碑（图1.1）。

图1.1 图片来源：百度图库

【知识拓展】

中国古代有“五礼”之说，祭祀之礼为吉礼，它主要是对天神、地祇、人鬼的祭祀典礼。婚事之礼为嘉礼，它是体现婚姻大事、人际关系沟通、情感联络之礼。待客之礼为宾礼，它是接待宾客之礼。军事之礼为军礼，它是师旅操演、征伐之礼。丧葬之礼为凶礼，它是哀悯、吊唁、忧患之礼。五礼的内容相当广泛，可以说无所不包，充分反映了古代中华民族的尚礼精神。

春秋战国时期是我国的奴隶制社会向封建制社会转型的过渡时期，学术界百家争鸣。相继涌现出孔子、孟子、荀子等思想巨人，发展和革新了礼仪理论，系统地阐述了礼仪的内容，第一次从理论上全面而深刻地阐述了社会等级秩序的划分及其意义，以及与其相适应的礼仪规范、道德义务。

秦汉到清末，在长达2000多年的封建社会里，礼仪的重要特征是：尊君抑臣，尊父抑子，尊夫抑妻，尊神抑人。“三纲五常”“三从四德”作为人们的礼仪准则，起着调节人际关系的作用，作为一种无形的力量使人们循规蹈矩地参与社会生活，逐渐变成妨碍人类个性发展，阻挠人类平等交往，窒息思想自由的精神枷锁。

封建社会的礼仪，无论是国家政治的礼制还是家庭伦理，都是一直为统治阶级所利用，一直是维护封建社会等级秩序的工具。

3）礼的发展阶段（辛亥革命至现在）

辛亥革命胜利后，推翻了封建礼教，进行礼仪的革命也随之掀起。由于西方文化大量传入中国，体现尊卑等级的传统的礼仪制度和规范逐渐被时代所抛弃，科学、民主、自由、平等的观念迅速深入人心，新的价值观念和礼仪标准才得到传播和推广。

新中国成立后，新型的社会关系和人际关系的确立，标志着中国人民开始进入了一个新的文明时代。人与人之间互相尊重、互助友爱、和睦相处的关系逐步建立起来。

改革开放后，随着中国与世界各国的交往日益频繁，其他国家的礼仪形式对中国礼仪具有重要影响，中国礼仪与国际礼仪逐步接轨。

今天，礼仪是在广泛的社会活动中，人们都要遵从的一定的社交规范和道德规范，随着社会的进步、科技的发展和国际交往的频繁，礼仪必将得到新的完善和发展。

【阅读材料】

我国古代礼仪著作简介

1.“三礼”

《仪礼》《周礼》《礼记》合称“三礼”，是我国最早的重要的礼仪论著。《礼记·曲礼》第一句便是“毋不敬”。文中还记载对父母要“出告反面”，意思是出门告诉父母一声，回家要和父母打个招呼问候一下；对老师应该“遭先生于道趋而进”“从于先生不越路”。

2.《三字经》

《三字经》是我国流传时间最长、范围最广、影响最大的一本启蒙教材，相传为南宋学者王应麟所著，被人们誉为“古今奇书”和“袖里通鉴纲目”。书中写道：“为人子，方少时，亲师友，习礼仪。”意为做儿女的年少时就要拜师访友，学习礼仪。

3.《弟子规》

清李毓秀撰辑，书中详细规定了学生在言谈举止方面的礼仪规范。其中有尊敬长者方面的要求：“或饮食，或走坐，长者先，幼者后。”仪表方面的要求：“冠必正，钮比结，袜与履，俱紧切。”仪态方面的要求：“步从容，立端正，揖深圆，拜恭敬。”禁酒方面的要求：“年方少，勿饮酒，饮酒醉，最为丑。”语言方面的要求：“刻薄语，移污词，市井气，切借之。”

任务3　礼仪修养

【案例导入】

张女士是位商务工作者，由于业绩出色，随团到中东地区某国考察。抵达目的地后，受到东道主的热情接待，并举行宴会招待。席间，为表示敬意，主人向每位客人一一递上一杯当地特产饮料。轮到张女士接饮料时，一向习惯于“左撇子”的张女士不假思索，便伸出左手去接，主人见情景脸色骤变，不仅没有将饮料递到张女士的手中，而且非常生气地将饮料重重地放在餐桌上，并不再理睬张女士。

【任务分析】

主人为什么生气？

礼仪是人们在社会交往中必须遵守的行为规范。礼仪的内容丰富多样，但它具有自身鲜明的特征与原则，学习和掌握了它们，在社交活动中就能做得礼周仪全，当然与自身的修养也是分不开的。

1.3.1　现代礼仪的特征

礼仪在漫漫的历史长河中，随着时代的发展和变革，不断地扬弃和完善，形成了自己鲜明的特征，主要表现在以下几个方面：

1）普遍性

礼仪是人们在社会交往活动中应共同遵守的行为规范和准则。只要有人生存生息的地方，就有礼仪，而且许多礼仪是世界通用的，它不分国家、民族、地区、人种、性别、年龄、阶层，为全人类所共有，是全人类的财富。它是客观存在的，具有很强的普遍性。

2）规范性

礼仪是人们在交际场合待人接物时必须遵守的行为规范。这种规范性，不仅约束着人们在一切交际场合的言谈举止要合乎礼仪，而且人们也在用这种规范来衡量和判断他人。总之，礼仪是约定俗成的一种自尊、敬人的惯用形式。

3）传承性

礼仪是人类历史发展过程中逐渐积淀而成的一种文化，并且经历了长期的演变过程，一代一代地传承下来。这不是一种短暂的社会现象，而且不会因为社会制度的更替而消失，具有一定的稳定性。当然，它不是一味地全盘继承，而是取其精华，去其糟粕的继承发展。

4）差异性

世界是丰富多彩的，不同的国家、地区、民族，具有不同的历史和文化，也就形成了不同的风俗习惯。甚至同一国家、民族，不同的地域，都有不同的风俗习惯，因而差异之处随处可见，正所谓“十里不同风，百里不同俗”。

5）时代性

礼仪可以说是一种社会历史发展的产物，不是一成不变的，是会随着社会的发展、历史的进步而与时俱进。特别是在现代社会，世界经济国际化日趋明显，礼仪与国际接轨，各国的礼仪互相交融，礼仪随之被赋予新的内容。

1.3.2 现代礼仪的基本原则

礼仪的具体规范和规则很多，但无论在怎样的场合，怎样的情况下，礼仪在实施过程中，一些基本原则是不变的。

1）遵守

在社会生活中，每一位参与者都必须自觉、自愿地遵守礼仪，用礼仪规范来要求自己在交际活动中的言谈举止。学习礼仪，一定要付诸个人社交实践。遵守还包括爱护公物、遵守公共秩序等，是对行为主体提出的基本要求，更是人格素质的基本体现。

2）尊重

尊重是礼仪的本质，包括尊重自己和尊重他人，是礼仪的情感基础。尊重是互相的，只有懂得尊重他人的人，才能赢得他人的尊重。人与人之间互相尊重，才能保持和谐的人际关系。尊重包括尊重他人的人格、劳动、价值和感情等。

3）真诚

真诚是人与人相处的基本态度，是礼仪活动的基础。“真”指真实，“诚”指诚恳，即对人对事的一种实事求是的态度，待人真心实意的友善表现。在社交场合，并非每个人在礼仪方面都做得很好，但只要是发自内心、真诚相待，就会赢得理解和信任，广交朋友。真诚原则，就是与人交往时，做到待人以诚，诚心诚意，诚实无欺，言行一致，表里如一。

4）守信

信用，即讲信誉，在人际交往中要讲真话，遵守诺言，实践诺言。守信是真诚的外在表现，一个守信的人常常会让人产生信赖感。在社交场合，尤其重视守时、守约，没有十足的把握就不要轻易许诺他人，否则，会失信于人，甚至失去朋友。

5）宽容

宽容就是宽宏大量，能容他人之过，每个人都应学会设身处地为别人着想，严于律己，宽以待人，树立容纳他人的意识。宽容是一种较高的境界，容许别人有行动与见解自由，对不同于自己和传统观点的见解要耐心、公正地对待。当然，宽容绝不是纵容，不是放弃原则的姑息迁就，不是一味地忍让。

6）平等

平等就是对所有交往对象都必须一视同仁，给予同等程度的礼遇。不允许因为交往对象彼此之间在年龄、性别、种族、性格、文化、职业、身份、地位、财富以及与自己的关系亲疏远近等方面有所不同，就厚此薄彼，区别对待，给予不同待遇。但在具体运用时，在尊重交往对象的前提下，允许因人而异。

7）适度

适度指交往中把握分寸，既要彬彬有礼，又不能低三下四；既要热情大方，又不能阿谀奉承。凡事做得恰到好处，恰如其分。在社交场合要感情适度，谈吐适度，举止适度，装扮适度。

8）从俗

由于国情、民族、文化背景的不同，交往各方都应尊重相互之间的风俗、习惯，了解并尊重各自的禁忌，必须坚持入乡随俗，与绝大多数人的习惯做法保持一致。

1.3.3 礼仪与个人修养

【阅读材料】

绳降捡垃圾，下方是悬崖！

“要丢一点垃圾，只是随手一扔的事，但要从悬崖上捡回一点垃圾，不仅要进行绳降，还要有足够的体力和勇气。”云南春城昆明，在一个降温的冬日，云南蓝豹救援队的10多名队员爬上了国家级风景名胜区的昆明西山，清理游客丢弃在悬崖峭壁上的垃圾。平常在抗震救灾中大显身手的救援队员成了捡垃圾的“突击队员”，小伙子们在悬崖上攀爬，左右腾挪捡垃圾，很像一群“蜘蛛侠”，令游客和景区工作人员赞叹不已。辛苦一天，队员们捡到了几百斤的垃圾。——此次行动是为了向市民、游客宣传环保意识，提倡文明游山，特别是提醒游客养成不随手扔垃圾的习惯。

礼仪是一个人品质、文化、修养的外在表现，也就是说一个人的言谈举止、衣着打扮等是由内在修养决定的。修养是通过个体自觉地、有意识地学习、仿效、养成而逐步形成的。良好的修养是提高自身素质不可缺少的部分，是人格完美的需要，是事业蒸蒸日上的需要。培养良好的修养可通过以下途径来实现：

1）具备良好的心理素质

（1）气质与性格

虽然气质和性格是比较稳定的心理特点，但为了保证社会交往的顺利，有必要有意识地调整自己的心理状况，对自身气质、性格扬长避短，只要自己努力去做，定会达到目的的。

（2）情绪

善于保持良好的情绪，保持积极的心境、控制消极的情绪，在各种情况下保持良好的状态。

（3）广泛的兴趣

广泛的兴趣有助于人际间的交往，不会出现“话不投机半句多”的情况。

2）加强道德修养

（1）学会爱，广义的爱，既要学会爱你的家人、亲戚、朋友，还要爱他人，爱陌生的人，爱甚至与你有矛盾的人。理解宽容，真诚守信，明辨是非善恶。

（2）人们应努力提高自己的道德修养，从小事做起，从现在做起，做到“细微处见精神”“己所不欲，勿施于人”。

3）学习礼仪文化知识

（1）学习礼仪知识

注意搜集、学习礼仪知识。懂得的礼仪知识越广博，越全面，在待人接物时就越能应付自如。

（2）学习文化知识

应培养自己对知识的广泛兴趣，努力涉猎多方面的知识。只有知识丰实，才能秀外慧中。知识是力量，知识是提高人文化礼仪修养的内在基础。人们应有意识地、自觉地制订计划，安排时间，不断地拓展自己的知识面，达到“知书达理”。

任务4　旅游服务礼仪

【案例导入】

据报道，2015年淘宝双十一销售交易额逼近900亿元。被称为剁手节的双十一彻底摆脱光棍节的孤独寂寞冷，完全变成全面狂欢的盛会。2015 年的双十一，以天猫为首的电商平台更是将这种狂欢无限放大，狂欢夜明星云集，笑料不断，以一种“跨年”的高调来迎接双十一分秒必争的时刻的到来。电商平台以其时空优势、速度优势、成本优势、个性化优势、信息优势、服务优势改变了人们的生活方式。

【任务分析】

请用服务接待礼仪的基本理论分析电商的服务优势。

旅游服务礼仪是一门操作性极强的学科。在学习过程中强调规范性和可操作性，才能使旅游从业人员明确工作中的正确做法与不正确做法，从而更好地为服务对象提供服务。同时，学习并掌握一些基本理论是非常必要的，当旅游从业人员掌握了基本理论后，才能更好地领会并运用到实际工作中。

1.4.1 角色定位

角色定位是服务礼仪的基本理论之一。要求旅游从业人员在为服务对象提供服务时，必须准确地确定好在当时特定的情况下，彼此双方各自扮演何种角色。例如，工人、农民、军人、学生、教师、歌星等，都属于不同的社会角色。

角色定位，是社会舆论对于处于某一特定位置之人的常规要求、限制和看法。当一个人的角色定位符合社会舆论要求时，人们就认可他，反之则会受到舆论谴责。角色定位包含以下几个方面：

1）确定角色

恰当的角色定位是角色定位的首要工作，通常情况有日常生活角色，例如，一个男人在父母面前时，应当是一名孝子，在妻子面前是丈夫，而在子女面前，他则要扮演一名称职的慈父。性格角色，人们的性格各不相同，使得人们又有不同的性格角色之分。例如，暴躁型、活泼型、稳重型、敏感型等不同性格类型属于不同的性格角色。社会角色，人们在社会工作中从事的职业属于社会角色，如旅游从业人员可简称为服务人员，这是我们的社会角色。

2）设计形象

对服务人员而言，为自己所进行的形象设计，实质上就是要本人的角色定位具体化、明确化、形象化。所以，在为自己进行相应的形象设计时，就必须以朴素、大方、端庄、美观为第一要旨。在工作岗位上，服务人员的一切所作所为，包括仪容、仪态、服饰、语言乃至待人接物等，均应符合职业道德和职业礼仪，不得与之背道而驰（图1.2）。

3）特色服务

特色服务是指有别于常规服务的、具有某种特殊之处的服务。

服务人员为服务对象提供特色服务时，一是要针对不同的服务对象进行不同的角色定位。如对服务对象的性别、年龄、气质、教养、仪容、仪态、服饰、语言等方面进行综合

图1.2

观察，再来进行角色定位，并为其提供特色服务。例如，老人、病人，服务时应予特别的关心与照顾。

4）不断调整

在工作过程中，服务人员对服务对象所进行的角色定位并非一成不变，在工作中应细心观察、不断学习，并根据客人的特点和要求而不断地有所变化、有所调整。

服务人员对于服务对象的了解需要有一个过程，所以服务人员对于服务对象的角色定位自然而然地会随之有所变化、调整。有些时候，这种变化、调整甚至会是整体性、根本性的。

1.4.2 双向沟通

双向沟通是服务礼仪的重要理论支柱之一，以相互交流、相互理解作为服务人员与服务对象彼此之间进行相互合作的基本前提。双向沟通理论认为，离开了工作人员与服务对象彼此之间的相互交流、相互理解，服务人员要向服务对象提供令人称心满意的良好服务，通常是不太可能的。双向沟通重点在以下几方面：

1）理解服务对象

在工作岗位上，唯有正确地理解服务对象，服务人员才谈得上能够以自己的优质服务去充分地满足对方的实际需要。人的需要分为：人类的正常需要（这是人人皆有的、相对稳定不变的基本需要。著名心理学家马斯洛提出的，生理、安全、归属和爱、尊重、自我实现的需要，都属于人类正常需要的范畴，人人皆有）和人类的特殊需要（强调个人、展现实力、吸引异性等，它属于人类在某种特殊的情况之下所产生的需要）两种。为客人服务时，我们不仅要理解客人的正常需要，也要理解客人的特殊需要。

2）加强相互理解

在工作中，仅有自己对于服务对象的单方面的理解，通常是不够的。在人际交往中，要实现对于交往对象的真正理解，就必须将这种理解完全建立于相互理解的基础之上。在一般情况下，双方之间的相互理解，往往是实现交往成功的基本前提。

3）建立沟通渠道

沟通渠道，是真正实现沟通的前提。没有沟通渠道，在人际交往中实际上就难有沟通。因此，在双向沟通理论之中，沟通渠道的建立是关键。

沟通渠道的建立，需要满足两个基本的条件，一是约定俗成，指在人际交往中，沟通渠道往往是在一定的地域、行业之内，由人们经过长期的社会实践逐步认定，逐步习惯，并且相沿成习的。二是相对稳定，沟通渠道，大多数都应当具有相对稳定的特性。这样，才容易使人们对其予以认可、接受。否则，不仅会成为沟通的一种障碍，而且也自然而然地会遭到人们的排斥。当然，沟通渠道绝非一成不变。它的稳定性，只是相对而言的。

4）重视沟通技巧

服务接待礼仪是服务人员与服务对象在服务过程之中实现双向沟通的一种最重要的沟通技巧，具有提高人们对于服务礼仪重要性的认识和端正人们对于服务礼仪实用性的认识的意义。

1.4.3 3A法则

服务人员在工作岗位上服务于顾客时，务必要敬人之心常存，所作所为永远不失于对对方的敬意。真正做到了这一点，方才算是以礼待人。规范是服务人员欲向服务对象表达自己的尊敬之意时，必须抓住如下3个重点环节，即接受对方，重视对方，赞美对方。在英文里，“接受”“重视”“赞美”这3个词汇的第一个字母都是“A”，所以它们又被称作“3A法则”。

1）接受服务对象——1A（Acceptance）

无论是什么样的客人，在为其服务时，我们首先要从内心接受他，主要体现为服务人员对服务对象的真诚、热情，不应该怠慢服务对象，应当积极、热情、主动地接近对方，恰到好处地向对方表示亲近友好之意，将对方当作自己人来看待。

2）重视服务对象——2A（Attention）

重视服务对象，是服务人员对于服务对象表示敬重之意的具体化。主要表现为认真对待服务对象，并且主动关心服务对象。围绕着“以客人为中心”为客人服务。

【小贴士】

重视服务对象的具体方法

1. 牢记服务对象的姓名。
2. 善用服务对象的尊称。
3. 倾听服务对象的要求。

3）赞美服务对象——3A（Admiration）

得到赞美是人类的高级心理需求。赞美服务对象，既表达了对对方的接受与重视，也是对对方的肯定。从某种意义上说，赞美他人实质上就是在赞美自己，就是在赞美自己的虚心、开明、宽厚与容人。

【小贴士】

赞美服务对象时的注意事项

1. 适可而止

必须有所控制，并限量使用，否则无意义。工作人员对于服务对象的赞美，不可以一点儿没有，也不可以过度泛滥。适可而止，是工作人员赞美服务对象时必须认真加以把握的重要分寸。

2. 实事求是

明确赞美与吹捧的区别。真正的赞美，是建立在实事求是的基础上的，是对于他人所长之处的一种实事求是的肯定与认同。所谓吹捧，则是指无中生有或夸大其词地对别人进行恭维和奉承，就是为了讨好他人而成心要给对方戴高帽子。

3. 恰如其分

工作人员对服务对象的赞美要想被对方所接受，就一定要了解对方的情况，赞美对方确有所长之处。

1.4.4 首轮效应

首轮效应，也称首因效应。人们在日常生活之中初次接触某人、某物、某事时所产生的即刻印象，通常会在对该人、该物、该事的认知方面发挥明显的作用。由于服务行业普遍存在服务周期短的特点，因此，首轮效应在服务中起着决定性作用。

1）第一印象

人们的第一印象至关重要，第一印象甚至会决定一切。

（1）必须注意“初次亮相”

单位在创建之初，必须注意认真策划好自己的“初次亮相”，以求使社会公众对自己的良好形象先入为主，萌生好感，并且予以认同。

（2）力求产生良好的第一印象

全体从业人员在面对服务对象之时，均应力求使对方对自己产生较好的第一印象。这样，双方才会和睦相处，摩擦才难以产生，服务对象才会对服务人员所提供的各项服务舒心满意，而不至于处处对其进行刁难，甚至吹毛求疵。

2）心理定式

第一印象形成之后，往往会使人们产生某种心理定式。一般情况下，人们对于某人、某物、某事所产生的第一印象，基本上都是比较准确、比较可靠的。第一印象的形成主要基于对方在双方相逢之初的具体表现以及自己根据已往的生活经验对其所进行的即刻判断。第一印象一旦形成，通常是难以逆转的。所以，第一印象的形成是瞬时性的、非理性的、经验性的和不可逆的。

3）制约因素

人们对于某人、某物、某事所形成的第一印象，主要来自在彼此双方交往、接触之初所获取的某些重要信息，这些重要信息形成第一印象的主要制约因素。

【知识拓展】

人们在交往之初的重要信息

1. 个人方面

对于一个人来讲，直接影响到外界对他的第一印象的，主要有如下5个方面：

（1）仪容，指人的相貌与外观。

（2）仪态，包括人们的举止与表情。

（3）服饰，能体现出一个人的个人修养、生活阅历和审美品位。

（4）语言，在人际交往中，语言是一种最重要的交际工具。

（5）应酬，即待人接物。应酬时的态度、表现，往往会留给交往对象以极其深刻的印象。

2. 事物方面

直接影响到事物方面的第一印象的，则主要包括如下4个：

（1）观感，具体是指人物在接触某一事物时，对其外观所产生的直观的感受。

（2）氛围，通常指的是在某种特定的环境中给人以某种强烈感觉的现场景象、特殊情调或精神表现。

（3）传播，具体所指的是与某一事物直接或间接相关的信息的广泛散布与广泛交流。

（4）人员，人们在接触某一事物的同时，往往遇到一些与该事物存在着某种关系的人物。

1.4.5　亲和效应

一个人具有了亲和力，会很快地融入生活，自然适应性就会越来越好。在一个舒适的环境里，人们没有了杂念和歪念，学习的能力和效果都会加强，生活工作的效率会更高，人与人就会更加和谐。

1）近似性

交往对象之间的共同之处越多，其双方更加易于感觉亲近，并相互认同。这会给双方之间的正常交往带来积极的促进作用。

2）间隔性

要发现双方之间的共同之处或近似之处，是需要一段时间的。亲和效应的这一特征，被称为间隔性。为客人服务时不可急于求成，应耐心对待客人，用真诚的笑容、周到的服务获取客人的信任才能发挥亲和效应的力量。

3）亲和力

亲和效应在人际交往的过程里形成后，往往会在交往对象之间产生一种无形的凝聚力和向心力，这就是人们平常所说的亲和力。要形成这种亲和力应该：

（1）待人如己

在正常情况下，人们通常会优先考虑自己的处境。爱护自己，保护自己，善待自己，是人类的一种共性。

（2）出自真心

工作人员在为服务对象进行服务时，还必须认真注意，自己对对方的友善之意要出自真心，真心实意。

（3）不图回报

对服务对象的待人如己，亲密无间等，不能够立即要求回报。事实上，出自真心的热情服务是难以计价，不可用金钱来衡量的。

1.4.6 末轮效应

在人际交往中，人们留给交往对象的最后的印象通常也是非常重要的。人们在塑造单位或个人的整体形象时，必须有始有终，善始善终，始终如一。

末轮效应在工作中有三大好处：其一，有助于在服务对象面前维护完美形象；其二，有助于热情服务的善意真正地获得对方的认可，并且为对方所愉快地接受；其三，有助于在服务过程中克服短期行为与近视眼光。

1）抓好最后环节

应当用心抓好服务过程的最后环节。最后印象往往来自服务过程的最后环节，要想给服务对象留下完美的最后印象，就不能够对服务过程的最后环节有松懈或者忽略。要抓好服务过程的最后环节，服务行业不仅应该从自己的“硬件”方面着手，还要使自己始终如一地在服务对象面前，保持“全心全意为人民服务”的高度热情。

2）做好后续服务

后续服务包括：允许退货、准予更换、保质保修、安装检修、咨询指导、接待投诉、服务热线、服务上门等。

3）着眼3个效益

在工作中，服务人员热情为服务对象服务，从根本上是着眼于单位社会效益与经济效益双丰收。服务人员在为服务对象热情服务时不可能不讲经济效益，但不可忽视的是对社会尽责任和义务能获得社会对单位的好评，良好的社会效益必然会转化为经济效益。当今，生态效益已经被视为比前两者更为重要的效益，单位在环境保护，三废治理，节能减排等方面达到国家制定的标准，将有利于整个社会的可持续发展。

1.4.7 零度干扰

零度干扰，是服务礼仪的重要支柱理论，即在服务过程中主动采取一切行之有效的措施，将对方受到的一切有形或无形的干扰，积极减少，力争达到干扰为零的程度。应当特别注意以下3个方面：

1）创造无干扰环境

任何一个场所的周边环境，或多或少地都对服务对象构成一定的影响。在某种程度上，周边环境，实际上也是整体服务的有机要素之一。

【小贴士】

无干扰环境

无干扰环境应从以下几个方面考虑：

1. 讲究卫生

环境卫生，通常最为服务对象所看重，并且在其眼中直接与服务单位的档次、服务水平的高低挂钩。

2. 重视陈设

单位的陈设与装潢，既要文明、美观，又要安全、实用。更加重要的是，它应当充分发挥吸引与方便服务对象的功能。

3. 限制噪声

在正常的环境下不应当存在嘈杂的、刺耳的有碍于人的听觉的声响。工作人员在为服务对象进行服务时，一定要将有碍于对方的噪声限制到最低点。

4. 注意气象

气象状况在这里特指服务进行时现场的温湿度等重要的指标。在正常条件下，人们在享受服务时，对于现场的温度、湿度往往会有一定的要求。服务现场的温度、湿度如果反常，都是对服务对象的一种干扰。

5. 注意光线与色调

光线的明暗与背景色彩，对于服务对象的消费心理都有一定程度的影响。

2）保持适度的距离

在人与人进行的正常交往中，交往对象彼此之间在空间上所形成的间隔即交往对象之间彼此相距的远近。在不同的场合和不同的情况下，交往对象之间的人际距离通常会有不同的要求。

【阅读材料】

空间理论

美国人类学家爱德华·霍尔在实验后得到的个人空间理论，他把空间距离分成了亲密距离(45 厘米以内),个人距离(46~122 厘米),社交距离(123~220 厘米),公共距离(200~400 厘米)。服务人员在工作中大致会使用到：

1.服务距离

服务距离是服务人员与服务对象之间所保持的一种最常规的距离。它主要适用于服务人员应服务对象的请求，为对方直接提供服务之时。一般情况下，服务距离以 0.5 米至 1.5 米为宜。

2.展示距离

展示距离是服务距离的一种较为特殊的情况，即服务人员需要在服务对象面前进行操作示范，以便使后者对于服务项目有更直观、更充分、更细致的了解。展示距离以在 1~3 米为宜。

3.引导距离

引导距离是服务人员在为服务对象带路时彼此双方之间的距离。根据惯例,在引导之时,服务人员行进在服务对象左前方 1.5 米左右。

4.待命距离

待命距离是服务人员在服务对象尚未传唤自己、要求自己为之提供服务时，应与对方自觉保持的距离。在正常情况下，它应当是在 3 米之外。

5.信任距离

信任距离是服务人员为了表示自己对服务对象的信任，同时也是为了使对方对服务的浏览、斟酌、选择或体验更为专心致志而采用的一种距离。即离开对方而去，从对方的视线中消失。

3）热情服务无干扰

服务人员在向服务对象提供热情服务时，必须同时具有对对方无干扰的意识，实际上就是要求服务人员在服务过程中务必谨记热情有度。所谓热情有度，主要是指服务人员在为服务对象热情服务时，务必要把握好热情的具体分寸。

【知识拓展】

热情有度分别从语言、表情和举止中体现

1.有度的语言

除了以常规礼貌用语，向服务对象主动致以友善的问候之外，一般不宜再多此一举地对对方多言多语。否则，就会产生负面影响，对对方形成一定的干扰。

（1）不当的征询。动辄询问服务对象：“您需要什么？”假如对方在语言、表情、动作上均无此种要求时，服务人员其实是不应该主动进行询问的。

（2）不当的邀请。当一位客人在一家店铺门口驻足时，想不想进去看一看，完全是其个人自由。此刻对其主动相邀，会扰乱对方的思绪。

（3）不当的推介。服务内容新不新，价格公道与否，服务对象自己对此完全是心明眼亮的。服务人员上前推荐介绍就毫无必要。

2. 有度的表情

在人际交往中，表情通常被人们视为一种信息传播与交流的载体。服务人员在向服务对象进行服务时，有必要对自己的表情自觉进行适当地调控，以便更为准确、适度地向对方表现自己的热情友好之意。

（1）不佳的眼神。在服务过程之中，服务人员要注意好自己的眼神。斜视、俯视、藐视、久视都是要避免的。

（2）不佳的笑容。在服务过程之中，服务人员还要注意好自己的笑容。真正的微笑是一种内心活动的自然流露，即是一种心笑，应当来自人的内心深处，体现一个人内心深处的真、善、美。

3. 有度的举止

服务人员在为服务对象提供服务时，一定要切记对自己的举止有所克制。下列 4 种举止有可能干扰对方，理当严禁。

（1）不卫生的举止

当着服务对象的面，对自身进行诸如擤鼻涕、挖鼻孔、掏耳朵之类的卫生清理，或者随意用自己的手以及其他不洁之物接触服务对象所用之物，都属于不卫生的举止。

（2）不文明的举止

工作人员的某些不文明的举止，例如，当众脱鞋、更衣、提裤子、穿袜子等，均属于不文明的举止。

（3）不敬人的举止

对服务对象指指点点，甚至拍打、触摸、拉扯、追逐、堵截对方，这些都是非常失敬于对方的举止。

（4）不负责的举止

有些服务人员未经服务对象要求，往往会一厢情愿地将自己正在销售的商品或说明书硬塞到对方的手中，这是一种强加于人的不负责任的表现。

项目 2

形象礼仪

形象是一种“印象”“感觉”“评价”。个人形象不仅限于人外观的形体相貌，还涉及人内在的道德品质、精神状态、文化内涵等，是一个综合性的概念。这里的形象和广义的仪表可以说是一个概念。个人形象包括仪容、着装、饰物和仪态。

任务1　仪表美

【案例导入】

彭丽媛，中国家喻户晓的歌唱家、歌剧表演艺术家。在她陪同国家主席习近平外事出访时，其美丽的形象、优雅的仪态、自信的表现，以及致力于公益事业等行为，不仅在国内好评如潮，还引发了外媒的“彭丽媛热”，成为国内外媒体抢先报道的焦点。报道称她为“美丽大方的中国第一夫人”“中国范儿”“让世界眼前一亮”“优雅”“大气”，以及“中国的新名片”“中国魅力攻势”或“中国软实力”新的诠释者等。“彭丽媛热”让全世界都不禁惊叹“第一夫人外交”在全球化和信息化时代所具有的巨大影响力。

【任务分析】

个人形象包含的内容以及怎样提升个人形象。

仪表（广义），指的是人的外表，包括容貌、姿态、服饰、卫生和风度等方面，它会留给他人“第一印象”，是一个人内在修养的外在表现。仪表美是一个综合概念。

2.1.1　仪表美

美的仪表包括3个层次的含义：

一是指人的容貌、形体、体态等协调优美。如体格健美匀称，五官端正秀丽，身体各部位比例协调，线条优美和谐。

二是指经过修饰打扮及后天环境的影响而形成的美。先天的天生丽质固然好，但如果没有，在认识美的基础上，通过化妆、服饰、外形设计等方式同样能达到。

三是指一个人纯朴高尚的内心世界和蓬勃向上的生命活力的外在体现，这是仪表美的本质。简言之，仪表美就是内在美和外在美的和谐统一。

2.1.2　仪表美的基本要求

仪表既然是一个人的精神面貌、内在气质的外在表现，那么，对仪表美的总体要求应当是：仪容整洁，举止大方，端庄稳重，不卑不亢，态度诚恳，待人亲切，服饰整洁，打扮得体，彬彬有礼。

【知识拓展】

服务行业从业人员仪表的具体要求

1. 注意个人卫生

早晚要刷牙，饭后要漱口，勤洗澡防汗臭，上班前不吃异味食品及不喝含酒精的饮料。

2. 头发

要常洗常梳理，不准染异色头发，发型要大方，不留奇异、新潮发型。女性:不留披肩发，发不遮脸，前刘海不过眉毛，长发要扎起，要用深颜色的发饰。男性：鬓发不盖过耳部（不得留鬓角），头发不能触及后衣领，不留长发，不得烫发。

3. 面部

要注意清洁与适当的修饰,保持容光焕发,在岗位上不能戴有色眼镜 。女性可适当化妆,但应以淡妆为宜,不能浓妆艳抹,并避免使用气味浓烈的化妆品。男性胡须要剃净,不留胡子。

4. 鞋袜

保持干净、光亮。不能穿破损袜子。工作鞋应以穿着舒适、方便工作为主要准则。不准穿凉鞋、运动鞋、雨鞋。袜子的尺寸要适当，应穿与裤子、鞋同类颜色或较深色的袜子。女性穿裙子时，不能露出袜口（穿着西裙、短裙时宜穿肉色裤袜）。

5. 制服

做到整齐、清洁、挺括、大方、美观、得体。穿衬衫要束在长裤、裙里面，长袖衫袖口不能卷起，袖口的纽扣要扣好。注意内衣不能外露，不掉扣、漏扣、不挽袖卷裤。领带、领结、飘带与衬衫领口的吻合要紧凑且不系歪，工号牌要佩戴在左胸的正上方。

6. 指甲

要经常修剪与洗刷指甲，保持指甲的清洁，不得留长指甲，也不要涂有色的指甲油。

7. 首饰

除手表外，一般不宜佩戴耳环、手镯、手链、项链、胸针、戒指等饰物。

任务2　仪容修饰

【案例导入】

王芳,某高校文秘专业高材生,毕业后就职于一家公司做文员。为适应工作需要,上班时,她毅然放弃了“清纯少女妆”，化起了整洁、漂亮、端庄的“白领丽人妆”：不脱色粉底液，修饰自然、稍带棱角的眉毛，与服装色系搭配的灰色偏浅的眼影，紧贴上睫毛根部描画的灰棕色眼线，黑色自然型睫毛，再加上自然的唇型和略显浓艳的唇色，虽然化了妆，却好似没有化妆，整个妆容清爽自然，尽显自信、成熟、干练的气质。但在公休日，她又给自己来了一个大变脸，化起了久违的“青春少女妆”：粉蓝或粉绿、粉红、粉黄、粉白等颜色的眼影，彩色系列的睫毛膏和眼线，粉红或粉橘的腮红，自然系的唇彩或唇油，看上去娇嫩欲滴，鲜亮淡雅，整个身心都倍感轻松。心情好，自然工作效率就高。一年来，王芳以自己得体的外在形象、勤奋的工作态度和骄人的业绩，赢得了公司同仁的好评。

【任务分析】

怎样评价王芳的两个妆容?

仪容即人的容貌，是个人形象的重要组成部分之一。它包含发式、面容及肌肤。服务人员了解仪容修饰的基本知识，掌握修饰的技能技巧，注意修饰的方法，就可以扬长避短，使自己容光焕发，充满活力。

2.2.1 仪容的基本要求

整洁、自然、端庄是仪容的基本要求，具体如下：清洁卫生；养成良好的餐后漱口的习惯，养成整理仪容的习惯（耳垢、鼻毛、腋毛、指甲等）；选择合适的发型，注重面容的整理和妆容。

【小贴士】

让面容变美的方法

随着年龄的增长，人的面容可是会变的啊！其一，俗话说相由心生，从人的心地来看，人心善,必显其面,其人必显得很慈善。人心恶,面必凶恶。常笑的人必然呈现给人的是笑脸；常愁的人也必在脸上烙上忧愁的皱纹；妒忌成性，阴险狡诈等也必显其面。其二，多读书，充实自我，增强自信，提高修养。其三，摄取各种营养物质，多食蔬菜水果。最后，保持好的心态，少生气发怒，不斤斤计较，遇事往宽处思，往远处看，往好处想。这样，面容就会越来越美了！

2.2.2 护肤

皮肤能反映出人的年龄、情绪、健康状况和生活习惯。容光焕发，肤色红润，富有弹性的皮肤，是健美的肌肤，皮肤的基本类型见表2.1。

表2.1　皮肤的基本类型

干性皮肤	油性皮肤	中性皮肤	混合性皮肤	过敏性皮肤
毛孔细、干燥、易出皱	毛孔粗、油、易生粉刺等	光滑滋润、富有光泽、弹性	兼有油性和中性的特点	敏感、缺乏水分、毛细血管分布较多

【小贴士】

如何正确洗脸

先确定自己皮肤的类型，选择适合的洗面奶或洗面乳（油性皮肤）。用约 35 ℃的温水，让洗涤产品充分起泡，用柔和的洁面海绵或两个手指（中指和无名指），由下往上，由里往外轻轻打圈，之后再用冷的流动水清洗。洗完立刻使用爽肤水和保湿面霜。一般早一次，晚一次，油性皮肤可以增加一次。化妆的女性，首先要使用卸妆液卸妆，再用洗涤产品洗脸。

【阅读材料】

皮肤的保养与美化

1. 营养护肤

全面、合理的营养是皮肤健康的最重要因素，平日的食物应尽可能多样化，使多种营养素搭配合理，特别是要多喝水、多吃些含水分多的食物以及水果蔬菜。全面、合理的营养能增强皮肤弹性，延缓皮肤衰老。还应在饮食中有意识地补充一些构成皮肤真皮层弹性的最重要的物质，如鸡皮、软骨、鱼等，这样既可减少皱纹，又可使皮肤柔滑细腻。

2. 注意清洁皮肤

人体皮肤表面有一层皮肤膜，它是保护皮肤细腻光滑的重要屏障。清洁皮肤时要注意水温，一般高于体温即可，干性皮肤不可过高，油性皮肤可稍高。同时，合理使用清洗液，干性皮肤碱性不可过高；洗完后可涂些营养液。

3. 避免外界刺激

夏天减少阳光暴晒，冬天注意防冻，不使用劣质化妆品，避免强碱强酸的灼伤，皮肤感染时要及时治愈。对皮肤的刺激来自各个方面，因此生活和工作中应加强对皮肤保护。

4. 经常按摩及敷面膜

彻底清洁皮肤，给皮肤输送营养，促进血液循环，保护皮肤的健康与美丽。

5. 运动护肤

适当的全身体育锻炼，能改善周身血液循环和新陈代谢，从而使肌肤保持年轻。体育运动还可以摆脱压抑感减少皱纹。同时，肌肤局部的自身运动也很重要，在饮食中可注意细嚼慢咽，这样也能促进面部的血液循环，让肌肤健康。

6. 特别强调

根据皮肤的性质选择合适的化妆品，同时注重彻底卸妆，千万不可带妆过夜。

2.2.3 化妆

化妆是一门综合艺术，涉及美学、心理学、生理学、造型艺术等学科。化妆又是一种技术、技巧，是塑造一副淡雅清秀、健康自然、鲜明和谐、富有个性的容貌的手段（见图2.1）。

图2.1

1）化妆的原则

（1）淡雅

即自然妆，即不过分修饰，以自然妆面为其特点。

（2）简洁

工作妆应简单明了，化妆不需全套。重点突出面颊、嘴唇和眼部，其余均可不顾及。

（3）适度

应根据具体的工作性质，来决定化不化妆和如何化妆。

（4）庄重

应对自己进行正确的角色定位，即表现出庄重为主要的特征。

（5）避短

化妆的目的之一是美化，扬长避短，以某一部位施以色彩，增加外表的美。

2）化妆的步骤

学会正确的化妆方法，才能使自己的妆容达到预期目的。

化妆类型分为淡妆、晚宴妆、舞台妆等。这里主要介绍的是淡妆，化淡妆的步骤相对简单些，涂擦粉底、上定妆粉、擦睫毛膏、上腮红和唇彩是不可少的（图2.2）。

图2.2　图片来源：weili.ooopic.com

【知识拓展】

化妆的基本步骤

服务人员只有学会正确的化妆方法，才能使自己的化妆达到预期目的。

1. 清洁皮肤

在清洁皮肤的同时，适当加以按摩，彻底清除污垢，使皮肤清洁、光滑、卫生再上妆，妆面牢固自然。

2. 修眉

除去多余的眉毛，修整基本眉形。修眉可采用“剃眉法”和“拔眉法”。

3. 涂拍化妆水

根据皮肤的性质，选用不同的化妆水，用手指轻轻弹拍使其充分渗透。

4. 营养霜或乳液护理

通过营养霜及乳液的使用，可使皮肤滋润，底霜做皮肤与化妆品之间的黏合剂，既能保护皮肤，又能使粉底附着良好，涂抹均匀，容易卸妆。

5. 涂敷粉底

其目的是改善肤色与皮肤质感，使皮肤细腻洁净。

（1）根据皮肤的性质、妆型、季节需要选择适当质感的粉底，以不同肤色和年龄特征选择适当颜色型号的粉底。

（2）用海绵扑，由额头向下：鼻子、下额、眼线、双颊及嘴唇四周，依次均匀地顺皮肤方向涂粉底。向下轻揉涂抹粉底使其均匀，涂下眼睑时眼睛看上，需要较厚的粉底与皮肤产生相融，然后再涂。涂敷时不能来回抹。

6. 定妆粉

使用定妆蜜粉，选择适合的粉质固定粉底，减少或防止妆面脱落。

7. 画鼻影

根据不同的情况打鼻影。

8. 眼部化妆

选择与妆型、妆色、服饰协调的眼影，强调眼部凹凸结构上色，眼线的描画可使眼部轮廓清晰，弥补眼型的不足，使眼睛有神。

9. 涂睫毛膏

增加睫毛长度，浓密度。最好不要经常使用假睫毛，这样会使上眼皮松弛，加快衰老。

10. 画眉

眉是眼睛的关键，眉的描画要与眼型、脸型、年龄、化妆的需要相符合，更要注意眉形的对称。

11. 画唇

用唇线笔描唇轮廓，再涂抹妆色协调的唇膏颜色。

12. 涂腮红

修饰脸颊和使健康精神。中心在微笑的最高点。

13. 审妆

看整体效果、妆型、妆色是否协调、对称、均匀，作适当修补。

3）化妆的禁忌

①化妆要在上班前进行。在工作岗位上，如出现残妆，应该补妆。需要补妆或化妆应到房间或洗手间去。

②化妆的浓淡要视时间、地点、场合而定。工作时应化淡妆，参加晚宴时应化晚宴妆，参加剧烈运动时，不宜化妆。

③不在男士面前化妆，也不在公众场合化妆或补妆。

④不议论他人的化妆。

⑤不借用别人的化妆品，这样既不卫生，也不礼貌。

2.2.4 发型

头发是一个人最被注视的部分之一。人们依据自己的审美习惯、工作性质和自身特点，而对头发进行清洁、修剪、保养和美化。一个人具有动人的容貌、漂亮的服饰和相称的发型，这就叫和谐、完美。因此，不注意头发的保养和发型的选择会直接破坏人的整体美。

1）头发的类型

头发的类型见表2.2。

表2.2 头发的类型

油性发质	干性发质	中性发质	混合性发质
油腻	干燥，油脂少	不油腻，不干燥	头皮油腻、头发干燥
易头痒	易有头皮屑	油脂分泌正常，头皮屑少量	—

【小贴士】

头发的护理

1. 洗发

要养成常洗头发的习惯。洗发时，水温不宜过高，洗涤剂不宜停留时间过长，动作应轻柔，不能用力搓拉头发，洗发后最好自然晾干。

2. 经常梳理

经常梳理除了理顺头发外，还可以刺激头部神经末梢，促进血液循环和皮脂分泌，促进头发生长。正确的梳头方法是将头顶后面的头发向上梳；两边的头发向左右两边梳。梳头时动作轻柔，要从发根至发梢一梳一梳地梳遍。

3. 按摩

按摩可以增进头皮的健康。按摩的方法是：伸开十指沿着发际线由前额向头顶，再由头顶向脑后，由两鬓向头顶按摩。用力要均匀，手指揉动中自然活动，动作要轻。

4. 头发的养护

防止长时间的暴晒，避免有腐蚀作用的物质，洗发后使用护发素等，烫度要适时有度，染发以少为佳。多食蛋白质和富含维生素、微量元素尤其是含碘丰富的食物。

2）发型的选择

美的发型给人一种整洁、庄重、洒脱、文雅的感觉，要根据不同的发质、脸型、年龄、职业、身材、气质等选择合适的发型。如发质软者，应避免作平直的发型；方形脸刘海可遮额，两边遮颊；少年以自然美为主，不宜烫发；脖颈短粗者不宜选择低发型和长发型等。

盘发给人一种优雅、清爽的感觉。大家要学会几款简单又好看的盘发（图2.3）。

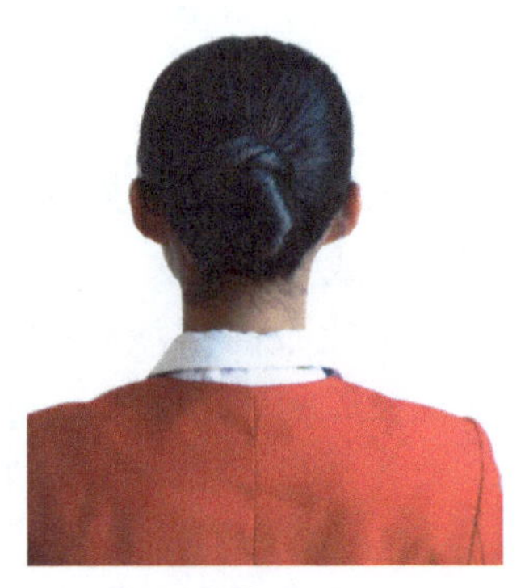

图2.3

任务3　服装穿搭

【案例导入】

一次某公司招聘文秘人员，由于待遇优厚，应聘者很多。中文系毕业的小张同学前往面试，她的背景材料可能是最棒的：大学 4 年，在各类刊物上发表了 3 万字的作品，内容有小说、诗歌、散文、评论、政论等，还为 6 家公司策划过周年庆典，一口英语表达也极为流利，书法也堪称佳作。小张五官端正，身材高挑、匀称。面试时，招聘者拿着她的材料等她进来。小张穿着迷你裙，露出藕段似的大腿，上身是露脐装，涂着鲜红的唇膏，轻盈地走到一位考官面前，不请自坐，随后跷起了二郎腿，笑眯眯地等着问话，孰料，3 位招聘者互相交换了一下眼色，主考官说："张小姐，请回去等通知吧。"她喜形于色："好！"挎起小包飞跑出门。

【任务分析】

小张能等到录用通知吗？为什么？假如你是小张，你打算怎样准备这次面试？

2.3.1　服装的分类

服装的种类很多，分类方法也各不同。下面从礼仪的角度，把服装分做3大类：

1）礼服

男士的礼服，常为深色，质地做工考究，成套的西装、中山装，配以黑色皮鞋或民族服装；女士的礼服，可为质地做工考究的成套裙装、旗袍或民族服装（图2.4）。

2）工作服

工作服，即制服或职业服。它是由单位为全体员工统一制作，在款式、面料、色彩上完全相仿，在工作岗位按规定所必须穿着的服装。男士要求简洁，端庄，可以是西装、中山装、学生装等。女士要求不透明、不敞露、不过紧、不过短）（图2.5）。

图2.4

图2.5

3）便服

便服相对于礼服、工作服而言，即生活中所穿的服装，可为牛仔装、运动装、休闲装、沙滩装、睡衣、浴衣等，要求舒适、方便、自然（图2.6）。

图2.6

2.3.2 着装原则

正确的、适合自己的着装，既扬长避短，又体现个人的风格，既使人的整体形象达到和谐美，同时又可以给他人留下良好的印象。

1）整洁

这是着装的前提条件。一个人的着装必须整齐、清洁。人与人的交往，总是通过外表，即穿着打扮和精神状态来对待他人，人们常对衣着整洁、精神饱满的人采取尊敬的态度，对衣服脏皱、精神萎靡的人采取鄙视的态度。“以貌取人”虽人为性很强，但又客观存在，因而不能简单否定。

2）要遵从“三色原则”

一个人着装的颜色，所占同等面积的比例应控制在3种或3种颜色以内，否则会给人繁杂、眼花缭乱之感，也产生不了和谐之美。

【小贴士】

色彩的搭配

要掌握色彩的搭配，必须学习一些色彩的知识。色彩的三要素：色相、明度、纯度。色相指色彩的性质，黑、白、灰无色彩性质，其颜色叫消色；除消色以外的颜色均有色彩性质，叫彩色。明度指色彩的明暗程度，亮色明度高，暗色明度低。纯度指色彩的清浊程度。红、黄、蓝称为三原色，指无法用任何颜色调和而成的最基本的颜色，其余的称为混合色。

色彩的搭配也很有学问，常用的有：同色搭配法，即将色相相近、深浅不同的颜色组合在一起的配色法，如银灰与烟灰，搭配时注意色与色之间的明度差异要逐步变化，以免给人整体分割不良的感觉；相似色搭配法，即用色谱上相临的颜色进行搭配，如蓝绿与蓝色，搭配时注意色与色的明度差异和要掌握纯度、色相的变化；主辅色搭配法，即由一种起主导作用的色彩为主色和基调，辅之以其他颜色的搭配，搭配时注意避免喧宾夺主。

3）要遵循“TPO”原则——着装的最高原则

TPO是英文Time，Place，Object3个词首字母的缩写。T代表时间、季节、时令、时代；P代表地点、场合、职位；O代表目的、对象。着装的TPO原则是世界通行的着装打扮的最基本的原则，也是选择服装千古不易的原则，旨在以和谐为美。着装要与时间、季节相吻合，符合时令，即每天的早上、日间和晚上；每年的春、夏、秋、冬四季；时代间的差异等。要与所处场合环境，与不同国家、区域、民族的不同习俗相吻合；符合着装人的身份；要根据不同的交往目的、交往对象选择服饰，给人留下良好的印象。

2.3.3 男士正装

正装，是指适用于严肃场合的正式服装，而非休闲服装，主要指礼服。最常见的男士正装，就是职场白领们常穿着的西装“衬衫+西服+领带+皮带+皮鞋”。男士正装是社交场合的重要穿着，不仅表现出个人的品位和气质，而且是尊重自己和尊重他人、体现自身修养，特别是礼仪修养的充分展现。

【案例导入】

郑伟是一家大型国有企业的总经理。有一次，他获悉有一家著名的德国企业的董事长正在本市进行访问，并有寻求合作伙伴的意向。于是他想尽办法，请有关部门为双方牵线搭桥。让郑总经理欣喜若狂的是:对方也有兴趣同他的企业进行合作，而且希望尽快与他见面。到了双方会面的那一天，郑总经理对自己的穿着刻意地进行一番修饰。他根据自己对时尚的理解，上穿夹克衫，下穿牛仔裤，头戴棒球帽，足蹬旅游鞋。无疑，他希望自己能给对方留下精明强干、时尚新潮的印象。然而事与愿违，郑总经理自我感觉良好的这一身时髦的“行头”，却偏偏坏了他的大事。郑总经理的错误在哪里？他的德国同行对此有何评价？

【任务分析】

根据惯例，在涉外交往中，每个人时时刻刻要注意维护自身形象，郑总经理与德方同行的第一次见面属国际交往中的正式场合，应穿西服或传统中山服，即正装，以示对德方的尊重。但他没有这样做，正如他的德方同行所认为的:此人着装随意，个人形象不合常规，给人的感觉是过于前卫，尚欠沉稳，与之合作之事需再作他议。

1）西装

西装是目前在全世界最流行的服装。一套合体的西装可以使穿着者显得潇洒、精神、风度翩翩。西装也有礼服、工作服、便服之分。作为礼服的西装一定是深色，质地做工考究，成套的。俗话说，“西装七分在做，三分在穿”。那么，如何穿好西装呢？（图2.7）。

图2.7　图片来源：百度图库

2）西装着装规范

①西装要干净、平整，裤子要熨出裤线，商标要拆除。

②内衣要单薄。衬衫内一般不要穿棉毛衫，如果穿着，应注意不宜把领圈和袖口露出。

③要配好合身的衬衫，衬衫领面应扎挺括。衬衫的领口和

袖口分别高于和长于西装领袖口2厘米左右，以显示穿着的层次，礼服西装的衬衫要配白衬衫。衬衫的下摆要均匀地塞在裤内。

④穿西装要系领带，而且不宜松开。打领带前应先扣好衣领的纽扣。假日休闲时则不必打领带。领带的长度以到皮带扣处为宜，领带夹的位置经从上往下数衬衫的第4粒纽扣处为宜。领带的款式、长短、颜色、面料应根据个人的情况选择，一般与自己的西装颜色相称，光泽柔和、典雅朴素为宜。

【小贴士】

领带的3种常用结发如图2.8所示。

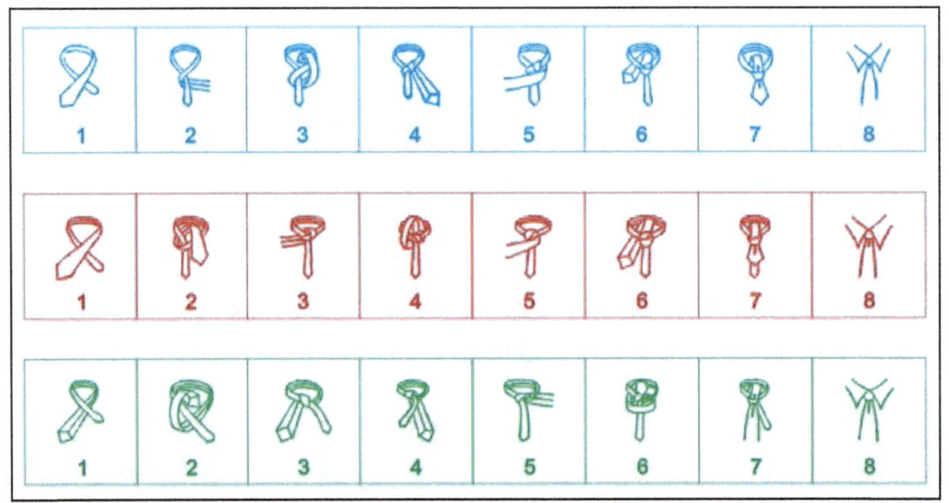

图2.8　领带的3种结法（图片来源：weili.ooopic.com）

⑤穿西装一定要穿皮鞋，而且要上油擦亮。穿轻便布鞋、旅游鞋等都不符合正式场合的西装穿着规范要求。

【小贴士】

穿西装时如果天气较冷，衬衫外面可穿羊毛衫（毛背心），穿“V”字领的，并将领带放在毛衣里面，以一件为宜。在正式场合3件套西装应避免用毛背心、毛衣代替西装背心，西装背心应贴身合体。

西装的衣袋和裤袋里，不宜放东西。上衣袋只作为装饰，如插装饰性手帕等。上衣内袋用于存放记事本、名片盒等。

无论是衣袖还是裤边，皆不可卷起。永远不要把手插在西装里衣袋里，这被认为很没有教养。

作为礼服时，要注意颜色的搭配，深色西装、白色衬衫、黑色皮鞋，但皮带和皮包均为黑色，袜子为深色。

双排扣的上装应全部扣好纽扣，单排扣的上装不扣最下面一颗纽扣。

2.3.4 女士正装

女士正装比男士正装更具个性，每个女性都要树立一种最能体现自己个性和品位的风格。但是，有些规则是所有女性都要遵守的，在正式场合，女性着装一定不能窄小、过短、暴露和透明。

职业套裙的最佳颜色是黑色、藏青色、灰褐色、灰色和暗红色。容易给人以谦逊、宽容、成熟感，借用这些色彩语言，职业女性更易受到他人的重视和信赖。

女性正装应裙长到膝盖（年轻女性的裙子可选择下摆在膝盖以上3~6厘米），肉色合身内衣，衬衫的下摆应束入裙腰之内，配连裤袜（颜色以肉色为佳，并且应随身携带一双备用，以防袜子拉丝或跳丝），黑色高跟鞋，A4纸大小的职业包（图2.9）。

图2.9

任务4 饰物佩戴

【案例导入】

小黄去一家外企进行最后一轮总经理助理的面试。为确保万无一失，这次她做了精心的打扮。一身前卫的衣服、时尚的手环、造型独特的戒指、闪亮的项链、新潮的耳坠，身上每一处都是焦点，简直是无与伦比、鹤立鸡群。况且她的对手只是个相貌平平的女孩，学历也并不比她高，所以小黄觉得胜券在握。但结果却出乎意料，她并没有被这家外企所认可。主考官抱歉地说："你确实很漂亮，你的服装配饰无不令我赏心悦目，可我觉得你并不适合干助理这份工作，实在抱歉。"

【任务分析】

分析小黄面试失败的原因。

2.4.1 饰物的佩戴原则

饰物，也称首饰、饰品。它指的是人们在穿着打扮时所使用的装饰物，在服饰中起到烘托主题和画龙点睛的作用。饰物包括以实用性为主的帽子、包、鞋子、眼镜等，以装饰性为主的领带、项链、耳环、手镯等。在社交场合，饰物不仅体现佩戴者的喜欢、知识、修养和审美情调等，而且还能暗示佩戴者的身份、地位、财富和婚姻状况等（图2.10）。

图2.10　图片来源：百度图库

1）符合身份

在正常情况下，依据一个人佩戴的饰物，大致上可以对其所处的实际的社会地位有所了解。这就要求在佩戴饰物时，先对自己进行角色定位。得体的配饰，在于既美观又不过分张扬，既稳重又不显凌乱，由此达到锦上添花，提升气质的效果。

2）以少为佳

佩戴饰物品种、数量，并非越多越好。数量过多可能会直接破坏饰物的装饰效果，不仅没有增加美感，反而让人眼花缭乱，被疑其审美情调，还会给人以“炫耀”之嫌。一般来讲，饰物不应超过3件，同一种类的饰物不应超过两件。如果同时佩戴两种或两种以上的饰物时，尽量讲究同质、同色。

【小贴士】

像时装一样，饰品也有它自己的季节性。春夏可戴轻巧精致的饰品，以配合轻柔的衣裙。饰品佩戴应扬长避短，比如，耳部轮廓不太好看的，不要戴过于夸张的耳坠；手指欠修筑丰润的，不要戴大宝石或珍珠镶的戒指;脖子较短的人，可以佩戴细长的项链，这样才会漂亮。

2.4.2　饰物佩戴的方法

1）项链

不仅可以增添魅力，还可以修正或掩饰人体的某些缺陷。此外，服装质地、颜色、样式及场合也影响着项链的佩戴。

2）耳环

耳环的佩戴，一定要与脸型和服装协调。

3）戒指

戒指不仅是一种饰物，还是特定信息的传递物。戴在食指上表示求婚；戴在中指上表示未订婚，正在恋爱中；戴在无名指上表示已订婚或已结婚；戴在小指上表示独身；拇指通常不带。戒指一般戴在左手上，最好只戴一枚。

4）手镯、手链

通常情况下，可以戴一只，且戴在左手。不要在一只手上戴多只手镯或手链；手链、手镯与手表均不能戴在同一只手上。

【知识拓展】

饰品的款式应结合自身的气质及服装风格

1. 优雅型首饰

富于曲线美，有易碎感，适合气质如兰的女士。

2. 古典型首饰

正统、精致、高贵，适合面部端正、气质高雅的都市女性。

3. 自然型首饰

粗犷、自然，多用树叶等形状做别针、坠子造型，适合身材高挑、具运动员风格的人。

4. 戏剧型首饰

大胆、夸张、有个性，适合身材高大、脸部棱角明显、走到哪儿都引人注目的人。

5. 前卫型首饰

造型小巧、新奇、别出心裁，极具个性，适合小巧玲珑、活泼好动、有俏皮少女或男孩儿气质的人。

任务5　塑造优雅仪态

【案例导入】

美国作家威廉姆·丹福思曾有这样一段描述："当我经过一个昂首、收下颚、放平肩膀、收腹的人面前时，他对于我来说，是一个激励，我也会不由自主地站直。"这段话道出了身体语言对他人产生微妙影响的玄机。即便在你沉默不语的时刻，你的姿态、神情，已经在无声地告诉人们你是谁，并且在一定程度上决定了人们将如何对待你。正如人们早已熟知的一项研究成果所示，在信息传达过程中，美国心理学家梅拉比安提出：人类全部的信息表达＝7%语言＋38%声音＋55%体态语。

【任务分析】

体态语的重要性。

仪态是指人的身体所呈现的各种姿势，是仪表的重要组成部分。仪态具体表现为动作、表情与相对静止的体态。例如，点头、微笑、皱眉等动作、表情，虽然无声但都有含义。站、坐等相对静止的姿势，表现着人的精神面貌、礼貌修养等。

2.5.1 表情与神态

表情与神态是一个人面部所呈现出来的具体形态。

表情：是指人通过面部形态变化所表达的内心的思想感情。

神态：是指在人的面部所表现出来的神情与态度。

服务人员的表情神态，应该以面部具体形态的变化为主，其中眼神与笑容尤其重要，必须认真进行训练。

1）眼神

（1）注视区域

①社交注视区：视线停留在对方双目与嘴之间的区域。

②亲密注视区：视线停留在对方双目与胸部或腹部的区域。

③严肃注视区：视线停留在对方前额的一个假设区域。

（2）注视角度

工作中正视对方是一种基本礼貌。

①平视：平视对方是服务人员的常规要求，表现出双方的平等与本人的不卑不亢。当自己就座时，看见服务对象到来，要起身相迎。

②仰视：仰视对方有尊重、重视对方的含义。

③俯视：微笑着俯视对方，通常是长辈对晚辈的怜爱表情。面无表情的俯视对方则带有自高自大、盛气凌人之意。

【小贴士】

眼语禁忌

在眼神的运用中要杜绝斜视、面无表情的俯视、藐视、久视 4 种眼语。

2）微笑

笑是人心境良好的表现。当人们快乐、愉快、喜悦时都是以笑来表达。服务行业将做好微笑服务视为重要增值点。微笑是不用翻译的世界语言,它传递着亲切、友善。人们都知道“以微笑称雄全球” 的希尔顿酒店。去过泰国普吉岛的游客也都能深刻感受到普吉人的“微笑攻势”，普吉岛在新开发后很短时间内游客数量就急剧上升，除了美丽独特的岛国风光之外，还有一个制胜的重要法宝——微笑。

【阅读材料】

大卫·史汀生是美国一家小有名气的公司总裁，他还十分年轻，并且几乎具备了成功男人应该具备的所有优点。他有明确的人生目标，有不断克服困难、超越自己和别人的毅力与信心；他大步流星，雷厉风行，办事干脆利索，从不拖沓；他的嗓音深沉圆润，讲话切中要害；而且他总是显得雄心勃勃，富于朝气。他对于生活的认真与投入是有口皆碑的；他对于同事也很真诚，讲求公平对待，与他深交的人都为拥有这样一个好朋友而自豪。

但初次见到他的人却对他少有好感。这令熟知他的人大为吃惊。为什么呢？仔细观察后才发现，原来他几乎没有笑容。他深沉严峻的脸上永远是炯炯的目光、紧闭的嘴唇和紧咬的牙关，即便在轻松的社交场合也是如此。他在舞池中优美的舞姿几乎令所有的女士动心，但却很少有人同他跳舞。公司的女员工见了他更是如同虎豹豺狼，男员工对他的支持与认同也不是很多。而事实上，他只是缺少了一样东西，一样非常重要的东西——一副动人的、微笑的面孔。

1. 微笑的产生

微笑是人类社会独有的富含情感的表情。

（1）心理原因

当我们快乐、喜悦时，会情不自禁地微笑，这是由于心理原因产生的微笑。天真无邪的孩子、单纯的学生的微笑多半是心理原因的微笑。

（2）社会原因

对人微笑是喜爱、尊重的表现。无论在哪一个国家，面对哪一个民族，即使语言不通，微笑都表达了同样的含义。微笑能满足人们的心理需求。因此，与人打招呼、为客人服务时我们都应该微笑，而这样的笑容是社会原因的微笑。

2. 微笑的意义

相由心生，只有认识到微笑的意义，才能有真诚的笑容。

微笑是一个人自信的象征。一个注重自我形象、尊重自己、有理想、有抱负的人，一定是一个笑口常开的人。

微笑是礼仪修养的充分展现。一个有知识、重礼仪、懂礼貌，与人为善的人，一定是一个不吝啬把微笑慷慨地奉献给他人的人。

微笑是和睦相处的反映。在人际交往中，彼此尊重、互相关心、我为人人、人人为我，我们身处这样的人生大舞台，人人脸上挂着微笑，我们的生活将会“阳光灿烂”。

微笑是心理健康的标志。一个心理健康的人，定能将美好的情操、愉快的心情、善良的心地，通过微笑展现出来（图2.11）。

【知识拓展】

微笑训练方法

1. 心动情动法

放松面部肌肉，联想愉快的事情。值得注意的是，微笑应当体现一个人内心深处的真、善、美，是一种内心活动的自然流露。只有来自内心深处，渗透着一定情感的微笑，才能感染人。

图2.11　微笑

2. 对镜训练法

对着镜子展示各种微笑，寻找自己最美的笑容，定格在脸上。反复练习，使它变成自己习惯性的笑容。

3. 手势训练法

伸出双手，展开大拇指与食指，在嘴角边向上牵引，嘴角跟随手指向上，展现微笑。

4. 部分训练法

分别观察眼睛与嘴巴，找到最美的微笑眼睛、最合适的微笑嘴型，展现最动人的微笑。

5. 咬筷训练法

咬住一根筷子，露出恰当的笑容，保持不动，逐渐加长时间，这是达到长时间微笑的肌肉训练方法。

2.5.2　站立姿势

1）基本站姿

在人际交往中，站立姿势是一个人全部仪态的根本点。如果站立姿势不够标准，一个人的其他姿势根本谈不上优美。

基本站姿的规范：头部正直，两眼平视前方，下颌微微内收，面带微笑，颈部伸直，两肩自然放松，挺胸收腹，双臂自然下垂于身体两侧，收臀提髋，双膝双腿并拢（图2.12和图2.13）。

【小贴士】

优美的站姿，在身体内应有3组对抗力量：头部与肩部，头顶上悬—肩向下沉，形成上下的对抗力量；躯干部位，挺胸—收腹—收臀，形成前后挤压力；下肢部位，髋部上提—脚趾抓地，形成上下的对抗力。这3组对抗力量能使人的身体挺拔向上。

2）站姿变换

（1）男性常用站姿

①标准位。左脚向左横迈一小步，两脚间距离不超过肩宽，两脚尖与脚跟的距离相

图2.12　图2.13

图2.14　图2.15

等，两手在腹前交叉，挺胸立腰，下颌微收，双目平视，头正颈直（图2.14）。

②八字步。双脚跟并拢，脚尖展开60°~70°，两手在身后交叉挺胸立腰，下颌微收，双目平视，头正颈直（图2.15）。

③丁字步。两脚尖展开90°，右（左）脚向前将脚跟靠于左（右）脚内侧中间位置，右（左）手后背或前曲，挺胸立腰，下颌微收，双目平视，头正颈直（图2.16和图2.17）。

（2）女性常用站姿

①标准位。头正颈直，双目平视，下颌微收，挺胸收腹，提髋立腰，两腿直立，双膝并拢，双脚并拢，两手在腹前交叉（图2.18）。

②八字步。双脚跟并拢，脚尖展开45°左右，两手在腹前交叉，挺胸立腰，下颌微收，双目平视，头正颈直（图2.19）。

③丁字步。右（左）脚向前将脚跟靠于左（右）脚内侧中间位置形成锐角，两手在腹前交叉，挺胸立腰，下颌微收，颈直，头部右（左）转双目平视正前方（图2.20和图2.21）。

图2.16

图2.17

图2.18

图2.19

图2.20

图2.21

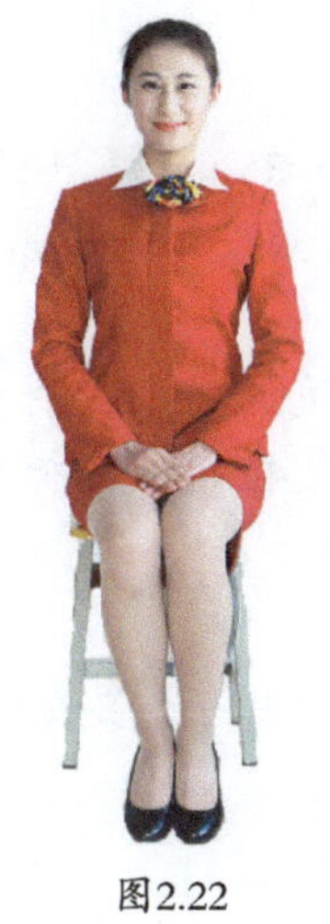
图2.22

图2.23

2.5.3 坐姿

坐姿是生活中人们常采用的姿势。不规范的坐姿，显得人懒散无礼。正确的坐姿使人显得端庄、大方。

【小贴士】

入座与起身

入座时，应该从椅子的左侧靠近椅子，减慢速度，轻轻坐下，只坐椅子的1/2至2/3，尽量不要弄出声响，这是一种礼貌。女性穿裙子入座时，还应该用手抚平裙子，以免裙子起皱。起身离座时，同样要求动作轻缓、无声无息。起身应站好后再走，以免显得过于匆忙。离开也应从椅子左侧离开。从椅子的“左入”“左出”是一种礼节。

1. 女性坐姿规范

上身与大腿、大腿与小腿、小腿与地面都成直角。双膝、双脚并拢，挺胸立腰，双目平视，下颌微收，头正颈直，双手相握放在腿上（图2.22）。

2. 男性坐姿规范

上身与大腿、大腿与小腿、小腿与地面都成直角。双膝、双脚并拢，挺胸立腰，双目平视，下颌微收，头正颈直，双手自然放在腿上（图2.23）。

【知识拓展】

坐姿变换

人坐在椅子上长时间保持一种姿势容易疲劳，可以不断变换坐姿，下面介绍几种坐姿

1. 女性

（1）侧曲

双膝并拢，双脚向身体一侧弯曲，脚尖着地，双手相握放在腿上，挺胸立腰，双目平视，

下颌微收，头正颈直（图 2.24）。

（2）前伸后曲坐姿

左腿前伸，右小腿屈回，用脚掌着地，大腿靠紧，双膝并拢，两腿前后在一条直线上，双手相握放在腿上，挺胸立腰，双目平视，下颌微收，头正颈直（图2.25）。

（3）叠腿坐姿

身体坐正，两条大腿部分叠放在一起，叠在下边的一条腿的小腿垂直于地面，叠在上边的另一条腿的小腿向里收，脚尖向下，双手相握放在腿上，挺胸立腰，双目平视，下颌微收，头正颈直（图2.26）。

（4）侧叠腿坐姿

脚尖向下，双手相握放在腿上，挺胸立腰，双目平视，下颌微收，头正颈直（图2.27）。

2. 男性

（1）分膝坐姿

上身与大腿、大腿与小腿、小腿与地面都成直角。双膝自然分开不超过肩宽，双手自然放在腿上，挺胸立腰，双目平视，下颌微收，头正颈直（图2.28）。

（2）交叉坐姿

小腿稍向前伸，双脚在踝关节处交叉，双手自然放在腿上或放在椅子扶手上，挺胸立腰，双目平视，下颌微收，头正颈直（图2.29）。

（3）叠腿坐姿

两条大腿部分叠放在一起，叠在下边的一条腿的小腿垂直于地面，叠在上边的另一条腿的小腿向里收，脚尖向下，双手自然放在腿上，挺胸立腰，双目平视，下颌微收，头正颈直（图2.30）。

以上只是坐姿的一部分，只要腰直立，头、上体与四肢协调配合，那么不管怎样变换坐姿，都会自然优美。值得注意的是，很多场合不宜采用叠腿坐姿。女性无论怎样变换都要保持膝盖并拢。

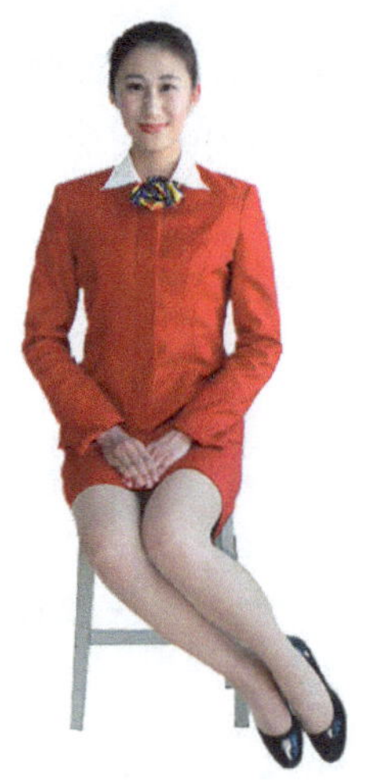
图2.24

图2.25

图2.26

图2.27

图2.28

图2.29

图2.30

图2.31

2.5.4 走姿

人们从学会走路开始，一辈子大部分时间都在行走，因此，走姿是人的常见姿势之一。

1）走姿规范

头正颈直，双目平视，挺胸收腹，立腰。手臂放松，手指自然弯曲，以肩关节为轴，前后摆动手臂，前后摆动的幅度在40厘米左右。提髋，大腿带动小腿向前迈步。脚跟先接触地面，依靠后腿将身体重心推送到前脚掌，使身体前移。

2）两个指标

走姿优美与否，由两个因素影响：步位与步度。

（1）步位

步位，是指在行走时脚落在地上的位置。在行走时人的步位应该是直线，应避免脚尖向内（内八字）或脚尖向外（外八字）。

（2）步度

步度，是指每走一步时，两脚间的距离。步度大小的标准因人而异，通常步度应该是自己的一只脚的长度。步度太大或太小都会直接影响走姿的优美（图2.31）。

【知识拓展】

走姿变换

在行走中经常会改变行走的方向，工作者除常规的前行外，还会经常运用到后退、侧行、前行转身、后退转身等。

1. 后退

告别后扭头就走是失礼的。通常应该面向对方后退两至三步，再转体迈步走开。后退时步度要小，脚掌宜轻擦地面。转体时，应该先转身后转头。

2. 侧行

在与同行者交谈时、引导来宾时或在路面较窄的走廊中与人相遇时，都要采用侧行方式。两肩一前一后，将胸转向对方而不是将后背转向对方。

3. 前行转身

前行转身分为两种：

（1）前行左转

在行进中当要向左转体时，要在左脚迈步落地时，以左脚掌为轴心向左转 90°，同时迈右脚。

（2）前行右转。

与前行左转相反。

4. 后退转身

后退转身分 3 种：

（1）后退左转

后退向左转身时左脚先退，在后退两步时以右脚掌为轴心向左转 90° ，同时向左迈左脚。

（2）后退右转

后退向右转体走时如果是左脚先退，在后退一步或三步时，以左脚掌为轴心向右转 90° ，同时向右迈右脚。

（3）后退后转

后退向后转体时如果是左脚先退在后退，两步时以右脚掌为轴心，向左转体 180° ，同时迈左脚。

3）走姿中应该注意的问题

（1）陪同引导

在引导来宾时，工作者应该走在来宾的左侧前方，步度适中，应该与宾客相协调。在陪同来宾时，则应尾随其后。

（2）上下楼梯

在上下楼梯时，工作者应注意靠右行走，行进中要保持头正，挺胸立腰，臀部收紧，最好不扶楼梯扶手。行进速度适中，不可太慢而影响其他人通行，也不可太快抢行。

【小贴士】

着装与走姿

男性穿西装时，步位应该是两条平行线，步度可稍大些，行进时肩应保持稳定。

女性穿长裙或休闲装时，步度可稍大，行走要平稳。穿短裙时，步度宜小，步位应该是一条直线，行走时速度可稍快些以体现轻盈、灵活。穿旗袍时，步度宜小，步位应该是一条直线，脚尖略外开，臀部可略有左右摆动，以体现婀娜多姿。

2.5.5 蹲姿

蹲姿是人们在特殊情况下采取的一种暂时性的姿势，适用于整理工作环境，给予客人帮助，提供必要服务，捡拾地面物品等。

1）高低式

这是使用最多的一种蹲的姿势。

要点：下蹲时，两脚一前一后，前脚完全着地，小腿基本上垂直于地面；后脚脚掌着地，脚跟提起。女性应靠紧两腿，男性则可适度地分开。工作中男性通常使用这种姿势（图2.32、图2.33和图2.35）。

2）交叉式

交叉式蹲姿，通常适用于女性，尤其是身穿短裙时。

要点：下蹲时，右脚在前，左脚在后，右小腿垂直于地面，全脚着地，左腿在后与右腿交叉重叠，左膝由后面伸向右侧，右脚掌着地，两腿靠紧。反之亦然（图2.34）。

图2.32 图2.33

图2.34 图2.35

2.5.6 手势

手势在服务工作中有着重要的作用和广泛的运用。手势运用得自然、大方、得体，使人感到既寓意明晰又含蓄高雅，其效果有时是语言所不及的。然而手势不规范，同样会给服务质量带来不良影响。所以，工作者的手势训练是非常重要的。

1）常用手势

手势的规范：使用右手，右手五指并拢，腕关节伸直，掌心不凹陷，手掌与地面形成45°。

（1）横摆式

右手从身体右侧抬起，到右侧稍前的地方停住，脚站成右丁字或标准站姿脚位，左手垂在身体左侧，目光注视来宾面带微笑。在表示“请”“请进”时，使用该手势（图2.36和

图2.37）。

（2）直臂式

右手五指伸直并拢，手心向上，与横摆式不同的是肘关节伸直，手臂与肩同高。在为来宾指引方向或指示物品所在处时使用该手势（图2.38和图2.39）。

（3）曲臂式

右手五指伸直并拢，手心不凹陷，从身体的侧前方，由下向上抬起，至上臂离开身体45°以肘关节为轴，由体侧向前摆动。在请人进入房门、电梯门时采用该手势（图2.40和图2.41）。

图2.36

图2.37

图2.38

图2.39

（4）斜式

右手自上而下以肘关节为轴摆动使手臂向下成一斜线。在请人就座时，使用该手势（图2.42和图2.43）。

（5）双臂式

两手从腹前抬起，至横隔膜处，双手上下重叠，同时向身体两侧摆动，也可将两只手臂向一侧摆动。当面对较多来宾表示“请”时，使用该手势（图2.44和图2.45）。

图2.40

图2.41

图2.42

图2.43

图2.44　　　　图2.45

2）运用手势应注意的几个问题

①使用手势时用手掌进行，而不可用手指，用手指是失礼的行为。

②使用手势时，掌心不能凹陷。

③一手持物品，另一手做手势时，应该保证物品的稳妥。

④通常情况下，工作者的手势不宜多。运用手势是为了增强表达，多余的手势则是画蛇添足。

⑤手势只有配合语言、表情及身体统一“行动”，才能发挥最佳效果。

2.5.7　重视仪态美的塑造

一个人的仪态直接展示着他的气质与风度。气质是指人的相对稳定的个性特点，如爽快、沉静、活泼、抑郁等。风度则是指人的优雅的体态。

体态语是指人际交往中人们的特定仪态可以在无声之中向他人传递一定的信息。在工作岗位上，体态语的正确运用必须受到高度重视，这样在工作中才能正确、有效地运用体态语和准确地理解他人的体态语。

所以，美的仪态是一个人内在素质与外在表现的综合体现，必须通过学习，不断地提高自身修养，同时坚持长期的训练来实现。让仪态美的自己能够在工作和社会交往中给人留下深刻印象，受人欢迎。

任务训练1　形象塑造

教学目的	通过仪容、服饰的学习，做到不同场合、不同身份应有不同装扮。大学生的仪容、服饰应该展现青春、朴素、活泼的风貌。
先修与并修	并修。
学习内容	1.化妆。 2.发型。 3.色彩。 4.服装着装的原则。 5.饰物的佩戴原则。
学习产出	1.学会淡妆的画法。 2.应知服装着装的原则。 3.应知饰物的佩戴规则。 4.在实际生活、学习、工作中，遵循以上原则，做到不同的场合有不同的装扮。
评价标准	1.化妆淡雅、简洁、适度、庄重、避短。 2.色彩搭配。 3.服装着装遵循整洁，与职业、色彩、年龄、形体协调特别要遵循“T.P.O”原则。 4.应知饰物佩戴的规则和方法。

任务训练2　礼仪操练习

教学目的	通过礼仪操练习，熟悉站、坐、蹲、行、手势等规范。
先修与并修	并修。
学习内容	1.表情与神态。 2.站、坐、蹲、行、手势的要领。 3.美的仪态的塑造。
学习产出	1.熟练各姿态的要领。 2.能流畅地展现各姿态并运用到生活中。
评价标准	1.表情得体、神态自然，特别是笑容自然、亲切。 2.站姿的3组对抗力量、坐姿的3个直角、走姿的步位与步度、两种蹲姿的稳定、手势的规范。 3.课前、课间休息、课后的仪态体现。

项目 3 社交礼仪

随着社会的发展，社交礼仪逐渐从礼仪中分离出来，成为其中的一个分支，主要规范着人们在日常社会交往过程中的行为举止，协调和约束人际关系。我们作为社会中的一员，在与人的交往过程中，如何与人交往，怎样才能给对方留下良好的第一印象？在激烈的人才竞争中仍然能做到彬彬有礼，获得理想的职位，在繁忙的工作中由于良好的礼仪修养而获得客人的好评……这些目标的实现，都离不开社交礼仪的恰当运用。

任务1　说话之道

【案例导入】

在餐厅，8号桌的客人点完菜，20分钟过去了，菜一直没有上，这时服务员端着菜走过来，8号餐桌的客人问道："这是我要的吗？"服务员没有搭理，客人又大声地问了一遍，服务员边走边不耐烦地说："这不是你吃的，是9号桌……"话未说完，那客人骂开了，服务员一时不知所措。

【任务分析】

服务员的问题出在哪里呢？

3.1.1　倾听

倾听是指接受口头的及非语言信息、确定其含义和对此作出反应的过程。莎士比亚说："最完美的交谈艺术不仅是一味地说，还要善于倾听他人的内在声音。"

1）倾听的作用

在人际交流中认真地倾听是尊重、重视说话者的重要表现，也是了解他人的最佳途径。俗话说："会说的不如会听的。"倾听的作用甚至超过了能言会道。认真地听并仔细领会说话者的意思是分辨事实的最佳途径，也是建立良好人际关系的基础。

2）倾听的方式

倾听的方式多种多样，可以用耳朵听，用眼睛听，用心灵听。沟通学研究者将倾听分为被动倾听、选择倾听、专注倾听和积极倾听4种方式，每一种倾听的方式产生的效果都不同。

积极倾听是指既有专注地听，同时在积极地思考，并且捕捉到说话者的意图而作出响应，这正是谈话者所希望的方式，也是倾听的最佳方式。学生在课堂上如果只是被动地听课，不会有好的学习效果。如果是选择性的听课，可能会忽略了重要的内容。只有积极的听课方式才能有好的学习效果。

3）倾听的艺术

倾听是一种情感活动，也是一种能力，更是一种艺术。倾听不仅仅是耳朵能听到相应的声音，倾听还需要通过面部表情、肢体语言、口头语言来回应对方，传递给对方一种你很想听他说话的感觉。因此，我们说倾听是一种情感活动，在倾听时应该给对方充分的尊重、情感的关注和积极的回应。掌握倾听的艺术需要从小节做起，才能够成功（图3.1）。

图3.1

（1）注意倾听的态度

耐心、专注的态度可以帮助倾听者掌握更多的信息，提高倾听的效率和效果。

倾听时，应耐心地听对方把话说完，不可断章取义，更不可贸然打断对方谈话，曲解对方意图，导致交流失败。

心不在焉、东张西望、小动作不断都是倾听效果的大敌。专注地倾听，用眼神和适当的语言回馈，鼓励说话者把话讲完是倾听者的最佳态度。

（2）掌握倾听的礼仪

在倾听的过程中，重视倾听礼仪是有涵养、有素质的表现，同时也表达了对谈话者的尊重和重视。《语言的突破》的作者戴尔·卡耐基曾说过："当对方尚未言尽时，你说什么都无济于事。"这就是说，在对方尚未达到畅所欲言的状态时，对任何劝说都不会作出反应的。所以，我们应该重视倾听的礼仪。

【小贴士】

1. 倾听时，应身体前倾，眼睛注视对方，表情自然。眼神、语言随肢体附和。

2. 应当有恰当的情感投入。对方说话的内容可能是高兴的、悲伤的或是平淡的，倾听者都应随之有情感的反映。面无表情，无精打采，传递的信号是不感兴趣，不想听对方说话，说话者就像在对着一面墙，双方就无法继续交流。

3. 不做小动作。不停地看手机，看手表，双手摆弄小物品等都是在向对方传递"我不想听，你无须多说"的信息。倾听者一定要避免不良的肢体语言。

4.不随意打断对方，不贸然批评对方观点。谈话中随意打断对方，既是不尊重对方的表现，也不能准确理解对方谈话的含义，不利于双方的交流。每个人都有自己的想法，不能因为不同意对方的观点就贸然批评对方，应冷静听完对方的话语再适时表达自己的观点。

（3）学会倾听的技巧

学会倾听的技巧，可以提高倾听效率，更好地达到倾听的目的。

①保持中立。谈话中，在倾听时要注意分辨说话者的意图，不能匆忙下结论，最好保持中立的态度，这样有助于客观地分析和解决问题。匆忙下结论可能会误会谈话者的真正意图，也可能因下错结论使自己尴尬，结果既帮不了别人，也会使自己不舒服。

②反应式、积极式倾听。交谈时，应使用恰当的肢体语言和口头语言，反应式、积极式地来倾听。可以用点头、微笑、上身前倾、眼神会意等肢体语言鼓励对方，表达支持。也可以用是的、对的、明白、我同意你的看法等口头语言表示接纳、同意对方的观点，使说话者受到鼓舞，敞开心扉的畅谈。

③适时提问。交谈中，适时提问可以有效提高谈话效率，避免冷场，更容易达到谈话的目的。多采用开放性提问：怎样，什么，为什么？给回答者多的思考和说话空间。少采用封闭性提问：是不是，对不对，行不行？否则会使谈话者处于被动地位，压抑其自我表达的愿望与积极性。

【阅读材料】

学会倾听

王飞是个性格开朗、做事积极主动的阳光青年，大学毕业工作两年后就被提为领班，开始学习管理经验。但是，一段时间后，总经理发现他的下属有小情绪，工作比较被动。通过谈话，总经理发现了王飞的问题。一天，总经理把王飞叫到办公室，给他讲了一个故事："在一个货物满仓的仓库里，一个人发现一块手表掉了，大家竭力寻找，却怎么也找不到，后来……"没等总经理讲完，心急口快的李飞就插言："后来一个人趁大家都休息的时候趴在地上，找到了那块手表，因为他用耳朵听到了手表滴答滴答的声音。"

"很好，看来你听过这个故事，但是你明白这个故事吗？"

"当然知道，就是要我们学会倾听，倾听可以发现许多意想不到的事情。"

"没错，但是，你有倾听我说吗？年轻人，自信是成功的标志，但是自信和自负是不同的。你作为管理人员，有没有认真倾听来自员工的话，了解和理解他们的要求和想法吗？"

只有学会倾听才能更好地开展工作。

3.1.2 交谈

交谈是人们日常社交生活的基本形式之一。通过交谈，人们可以交流思想，沟通感情，建立联系；通过交谈，人们能够协调关系，消除隔阂；通过交谈，人们可以展现自己的才华、个人礼仪修养。古人云："一言兴邦，一言丧邦。"现代人也认为："良言一句三冬暖，恶语伤人六月寒。"

交谈的语言要求主要有以下3个方面：

1）语言的有效性

不被接受的话语等于白说，因此，谈话者首先要考虑的问题是语言的有效性。

①说话人的音色、音量、语气会直接影响听话人对话语的接受度。悦耳的声音、清晰的语言，令人舒服的语气无疑会吸引听话者的注意力，从而增强语言的有效性。

②语言的时代感是确保语言有效性的基础。与不同年龄的人交谈，语言应符合这个年龄层的时代特征。年轻人不能接受保守、呆板的陈词滥调；年长者也对新型词汇、网络语言很反感，甚至完全听不懂。了解不同年龄的人的语言习惯才能提高语言的有效性。

③讲话时机是否合适，对方能否专心听讲，是否感兴趣等，这些都是在讲话前需要观察、考虑的。人们寂寞时，会愿意与你聊天；心情沮丧时，会渴望得到你的安慰；陷入困境时，会希望得到你的鼓励；在生日、节假日时，乐意得到你的祝福。

2）语言的正确性

说话者保证语言的正确性，这既是对他人的尊重，也是自己诚信的保障。

①实事求是。任何人都不能接受空话、大话、假话。“掩耳盗铃”“狼来了”的故事就是教育我们从小养成好习惯，说话一定要实事求是。

②用词准确。模棱两可的话语，拐弯抹角的表达方式，会让听者不知所云。

特别在服务中回答问题应准确，避免“好像”“似乎”这样的回答。

③区分场合。一般场合与正式场合、口头表达与书面表达所使用的语言是不同的。介绍他人时一般场合可以使用简称，正式场合必须使用尊称。与人面对面交谈应使用口头语，如果用书面语与人交谈就会显得不自然。

④把握语境。在日常社交中，人们避免不了一些客套语、委婉语、玩笑语、戏谑语，甚至是善意的谎言。但使用这类语言要把握语境，学会区分场合，有针对性地使用，否则容易引起误会。

3）语言的情感性

人类是富于情感的高等动物，在语言交流中自然会有情感交流。

①态度要诚恳。打招呼时要亲切，表示祝贺时要热情，说“谢谢”时要诚恳，与人交谈时要专一。

②注意细微的差别。在博大精深、丰富多样的语言中，有时一字之差，情感的表达就差之千里。你——“您”，请——“请上座”，用词不同，表现了不同的礼遇。

【小贴士】

“五声”与“四语”

无论是在日常社交中，还是在工作中，与人交流时语言的最基本要求就是做到五声，杜绝四语。

1. 做到五声：“问候声”“招呼声”“感谢声”“道歉声”“道别声”。

2. 杜绝四语：“烦躁语”“否定语”“蔑视语”“斗气语”。

4）交谈的礼仪

说话得体，才能受人喜爱，得人尊重。学会交谈礼仪是现代社会提高精神文明的重要体现。旅游服务行业的从业人员应养成使用礼貌语的良好习惯。

（1）学会使用礼貌语

礼仪的核心是尊敬，而其在语言上的体现就是学会使用礼貌语。

①尊敬语。直接表达对客人尊敬的语言。例如，“令尊”“令堂”“您请”“您贵姓”等都是尊敬语。

②谦让语。利用自谦来表达对客人的尊敬的语言。例如，“免贵”“家父”“家母”“鄙人”等都是谦让语。

③郑重语。间接表达对客人尊敬的语言。例如，“久仰”“久违”“再见”“请赐教”“请雅正”等都是郑重语。

【知识拓展】

常用的“十字”礼貌语

“您好”“请”“谢谢”“对不起”和“再见”是日常生活中人际交往所需、社会大力提倡的“十字”礼貌用语。随着社会的进步和文明程度的提高，这些最基本的礼貌用语日益被广泛接受和使用。特别是对于从事旅游服务行业的从业人员来说，每天要与来自五湖四海的宾客做语言上的沟通和交流，学会正确使用“十字”礼貌用语，恰当区分“十字”礼貌用语的语意、意境的意义非同一般。

传统的礼貌语

初次见面说“久仰”，看望别人用“拜访”，
请人勿送用“留步”，对方来信叫“惠书”，
请人帮忙说“劳驾”，求给方便说“借光”，
请人指导说“请教”，请人指点用“赐教”，
赞人见解用“高见”，归还原物叫“奉还”，
欢迎购买叫“光顾”，老人年龄称“高寿”，
客人来到用“光临”，中途先走用“失陪”，
赠送作品用“斧正”，等候客人用“恭候”，
求人原谅说“包涵”，麻烦别人说“打扰”，
好久不见说“久违”，托人办事用“拜托”，
与人分别用“告辞”，请人解答用“请问”，
赠送礼品用“笑纳”，表示感激用“多谢”。

（2）了解礼貌语言的特点

要用好礼貌语，就应该了解礼貌语的特点。

①言辞的礼貌性。尊敬语、谦让语、郑重语都体现了言辞的礼貌性。

②措辞的修饰性。直接表达不礼貌，不好听，学会委婉语、征询语、雅语的使用，

体现措辞的修饰性。如美国黄石公园的警示牌上写："除了照片外，什么也不要带走，除了脚印外，什么也不要留下"。用"可不可以"代替"应该"，用"几位"代替"几个人"，用"洗手间"代替"厕所"。

③语言的生动性。生动幽默的语言使人轻松、愉快。让幽默成为一种习惯。

④表达的灵活性。针对不同的性别、年龄、身份有不同的表达。例如你多大了？芳龄多少？请问您贵庚？您高寿？面对不同的年龄的人，不同的表达会产生不同的效果。

（3）掌握礼貌语言的准则

在社交或是服务接待中，使用的语言应符合礼貌语的准则，体现一个人的文化修养，反映一个企业的精神面貌。

【知识拓展】

礼貌语言的准则

1. 得体准则

有声语言得体，因时、因地、因人、因事灵活使用礼貌语，使有声语言得体。形体语言得体，说话人的仪表端庄整齐，仪态大方优雅，服务人员动作轻柔敏捷，都是对客人尊敬的表现。

2. 大方准则

说话者不能只从自己出发，忘记他人的需求。应尽自己最大努力照顾到他人的情绪、利益，体现大方准则。注意"小气"的损失，重视"大方"的经验。

3. 谦虚准则

说话时用语谦虚是中国人的传统，在别人面前争强好胜，自认高明、夸夸其谈的方式都会令人反感。应淡对夸赞，不卑不亢，虚心耐心，用词恰当。

4. 赞誉准则

被人喜欢，受人赞誉，得人尊重，都是人的心理需求。学会真心诚意地赞美他人，注意赞美的方式和技巧，赞美时实在具体，合乎时宜，因人而异。

5. 一致准则

社交用语应与他人想法、要求尽量保持一致。服务用语应得到客人的认同，争取认识上的一致，情感上的融洽。当与客人诉求不能完全一致时，要做到求大同存小异，设身处地为客人着想。当有矛盾产生时，学会迂回诱导，以争取最终沟通解决问题。

6. 热情准则

人与人相处时，情绪会互相影响。社交时，只有对他施以热情情绪，才能获得积极的回报。服务中，与客人对话要善于通过热情的礼貌言行，以真情唤起真情，才能形成相互尊重、友好、信任的氛围。同时，热情也要有度，要掌握客人的情感和情绪特点，把握好语言的表达方式。

5）正确使用礼貌语

（1）加强修养

心有所存才能口有所言。要说好礼貌语应提高思想修养，注意仪表仪态，塑造表里如一的美好形象。

（2）针对使用

由于礼貌语的语义及使用范围各有不同，使用时应从实际出发，针对使用，不可信手拈来，否则可能因用错对象或是场合而失礼。

（3）养成习惯

古人云："诚于中则形于外，慧于心而秀于言。"养成良好的使用礼貌语习惯，戒除不礼貌的习惯和用语。与人交往时无须刻意提醒自己，自然能准确、得体地使用礼貌语，使自己在社交中、工作中显示魅力，展现良好的礼仪修养。

【小贴士】

言谈禁忌

1.避免格调不高、令人反感的话题

谈话内容一般不要涉及疾病、死亡等不愉快的话题，不谈荒诞离奇、耸人听闻、黄色淫秽的事情。

2.避免国家机密、商业秘密、个人隐私的话题

年龄、体重、婚姻、住址、收入、经历、信仰属于个人隐私问题，不可好奇询问。

3.避免讽刺挖苦、捉弄非议他人的话题

有不同看法时要冷静，不要动怒，不可失礼。不要不负责任地传播小道消息，不要背后说三道四。特别不可对有残疾的人士有伤害话语。

3.1.3 演讲

演讲同朗读、朗诵、背书都不相同，是指演讲者在公共场合，运用口语，借助于表情、手势，郑重地阐述自己的见解和主张，以感召听众的口语表达方式。演讲形式多种多样，不同形式的演讲者演讲中表达方式均有不同，常见的有：政治演讲、学术演讲、法庭演讲、社会演讲。

【案例导入】

2011年9月5日晚上，杭州师范大学举行新生开学典礼，阿里巴巴集团董事局主席马云对学生发表演讲（节选）。

好与不好不是别人怎么看，相信自己才有机会。

我深信不疑地相信杭师大是全世界最好的学校。

我去过很多大学，哈佛大学、麻省理工学院、北大、清华。我都以杭师大为骄傲。我一直说这是最好的学校，因为，好与不好很多时候不是别人怎么看，是你自己怎么信的。如果你觉得自己不好，你就没有好的机会。

在世俗眼光里，我们杭师大确实跟北大清华有距离，但正因为有距离才给了我们机会。假如我当年考进了北大，就不是我马云了。因为杭师大才给了我这样的机会。我自己也想，今天这个开学典礼不是为了庆祝我们曾经诞生了多少学友，而是我们希望创造出更多、更好的学友。

大家在学校里会学到很多知识，但我相信，那么多知识真正毕业后所用不多。但是在学校里的经历，给了我们很多。人生不是你学到了什么，不是你获得了什么，而是你经历了什么。

真正的幸福一定是和眼泪、欢笑、汗水结合在一起的。如果你在杭师大4年里没有眼泪，没有欢笑，没有汗水，我相信你不会成功的。

同时，我也想，什么是成功？成功的成是成就自己，功是功德天下。你只有成就了自己，帮助了别人，你才会有真正成功的感觉。所以，大家想着自己的时候，也想想将来自己能给别人做些什么事。

很多东西，失去了才知道他的珍贵。永远把自己在校园的4年，玩得最爽，书读得最爽，朋友交得最爽。过好每一天。

【任务分析】

1.分析马云的这个演讲的语言技巧。

2.通过观看马云演讲的视频，分析演讲的非语言技巧。

1）演讲的要素

（1）时境

演讲者与听众同处一起的时间与环境，语言、内容、表情与时境相一致，并与之适应。演讲时，只有适应特定的时境这一物质要素转移与变化的需要，才能取得演讲的最佳效果。

（2）语言

有声语言运载着演讲者经过组织的思想与感情，准确清晰、有吸引力、有说服力和感召力的语言才能产生演讲的美感，才能达到演讲的目的。

（3）仪态

态势语言是演讲中重要的信息交流手段。演讲者的眼神、表情、手势、举止要协调，演讲有激情能强化语言甚至弥补不足之处。

2）演讲的心理技能

（1）自信心

自信与成功是分不开的。越怕失败，越怕被人笑话，就越会分心，无形中束缚了自己的能力发挥。演讲者要娴熟掌握演讲基本要素，深刻理解演讲内容，树立信心，才能成功演讲。

（2）自制力

演讲活动情况复杂，自己的情绪、现场观众的反应等都会对演讲产生不同的影响。拥有较强的自制力，排解不良情绪，排除不良干扰，才能达到理想的演讲效果。

（3）成功欲

演讲活动中的成功欲是演讲成功的内驱力，对预期的目标价值认知越深刻，成功的欲望越强，演讲成功的可能性越大。

3）演讲的语言技巧

（1）夸张

适度的夸张可以强化自己的观点，加深听众的印象。

（2）反问

反问可以激发听众积极思考，直击听众心灵，引起共鸣。

（3）悬念设计

设计悬念可以激发听众的好奇心，集中听众的注意力，引导听众专心听讲。

（4）连续排比

在演讲高潮部分加入排比句是非常煽情的，可以起到锦上添花的效果。

（5）情景描述、比喻、类比

情景描述具有生动的带入感，使听众在情景中深刻领悟演讲内容。比喻、类比能将复杂观点简单化、形象化，容易引起听众共鸣。

（6）渲染煽情

富于变化的语气、语速、语调等，再配合表情和手势渲染煽情，这些都是演讲中不可缺少的技巧。

4）演讲的非语言技巧

①站姿。端正挺拔，勿摇摆。

②手势。恰当自然不做作，不画蛇添足。

③目光。专注有力，勿闪烁不定。

④表情。自信从容，与时境相符合（图3.2）。

图3.2　美国总统奥巴马演讲

【案例阅读】

刘媛媛在《超级演说家》中的演讲

前些日子有一个在银行工作了10年的资深的人力资源管理师在网络上发了一篇帖子叫作《寒门再难出贵子》，意思是说在当下我们这个社会里寒门的小孩想要出人头地、想要成功，比我们父辈的那一代更难了，这个帖子引起了特别广泛的讨论，你们觉得这句话有道理吗？

先拿我自己说，我就是出身寒门的，我们家都不算寒门，我们家都没有门。我现在想想我都不知道当初我爸跟我妈那么普通的一对农村夫妇，他们是怎么样把3个孩子从农村供出来上大学，上研究生。我一直都觉得自己特别幸运，我爸跟我妈都没怎么读过书，我妈连小学一年级都没上过，她居然觉得读书很重要，她吃再多的苦也要让我们3个孩子上大学。我一直也不会拿自己跟那些，比如说家庭富裕的小孩做比较，说我们之间有什么不同，或者有什么不平等。但是我们必须要承认这个世界是有一些不平等的，他们有很多优越的条件，我们都没有，他们有很多的捷径我们也没有。但是我们不能抱怨，每一个人的人生都不尽相同，有些人出生就含着金钥匙，有些人出生连爸妈都没有。人生跟人生是没有可比性的，我们的人生是怎么样？完全决定于自己的感受，你一辈子都在感受抱怨，那你的一生就是抱怨的一生；你一辈子都在感受感动，那你的一生就是感动的一生；你一辈子都立志于改变这个社会，那你的一生就是斗士的一生。

英国有一部纪录片叫作《人生7年》，片中访问了12个来自不同阶级的7岁的小孩，每7年再回去重新访问这些小孩。到了影片的最后，就发现富人的孩子还是富人，穷人的孩子还是穷人。但是里面有一个叫尼克的贫穷的小孩，他到最后，通过自己的奋斗变成了一名大学教授。可见命运的手掌里面是有漏网之鱼的，而且现实生活中寒门子弟逆袭的例子更是数不胜数。所以当我们遭遇到失败的时候，我们不能把所有的原因都归结到出生上去，更不能去抱怨自己的父母为什么不如别人的父母，因为家境不好并没有斩断一个人成功的所有的可能。当我在人生中遇到很大困难的时候，我就会在北京的大街上走一走，看着身边人来人往，而那时候我就想“刘媛媛，你在这个城市里面真的是依无所依，你有的只是你自己，你什么都没有，你现在能做的就是单枪匹马在这个社会上杀出一条路来。”

这段演讲到现在已经是最后一次了，其实我刚刚在问的时候发现了我们大部分人都不是出身豪门的，我们都要靠自己，所以你要相信，命运给你一个比别人低的起点，是想告诉你，让你用你的一生去奋斗出一个绝地反击的故事。这个故事关于独立、关于梦想、关于勇气、关于坚忍，它不是一个水到渠成的童话，没有一点点人间疾苦；这个故事是有志者事竟成，破釜沉舟，百二秦关终属楚；这个故事是苦心人天不负，卧薪尝胆，三千越甲可吞吴。

任务2　待人之道

【案例导入】

小陈名校毕业，成绩优秀，但几次面试都没有成功。他舅舅得知后，请同学王先生帮忙，舅舅的同学王先生是一家知名企业的人事总监。这一天，王先生和小陈约好在办公室见面。小陈穿戴整齐，提前来到王先生的办公室。因为赶路，小陈手心全是汗，一进门，顾不上擦汗的小陈，热情地向王先生伸出手行握手礼，礼毕才掏出纸巾擦了擦手。坐下来后，见王先生不太热情，小陈主动说："常听舅舅说起你，听说王先生读书时学习很好，舅舅说你是一个聪明的小胖子。"之后，王先生问一句，小陈答一句，并没有主动介绍自己的学习和特长。走的时候也没有留下自己的联络方式。第二天，舅舅告诉小陈，他已经尽力了，但是王先生的公司还是没有录用他。

【任务分析】

王先生为什么没有录用小陈？

见面是社交的重要环节，掌握见面礼仪既能优化我们的社交形象，给人亲切、礼貌的印象，更能提高我们的社交能力，有利于社交关系的进一步发展。

3.2.1　问候

问候是见面时以语言向对方致意的一种方式（图3.3）。

1）问候次序

①一个人问候另一个人，通常是"位低者先行"。例如，晚辈先向长辈问候，下级先向上级问候，男士先向女士问候，主人先向客人问候。

②一个人问候多人。由"尊"而"卑"，或由"近"而"远"。

图3.3

2）问候态度

①主动。主动向客人问候，主动向长辈问候，主动向上级问候，身份背景与女士等同的男士应主动向女士问候。

②热情。语言清晰、响亮，面带微笑的问候才能得到对方的响应。

③自然。语言表情亲切自然。

④专注。正在工作的应停下来，眼睛注视对方。

3）问候内容

①直接式。“您好！”“早上好！”“新年好！”都是直接的问候。

②间接式。属于中国人的传统习惯，应在非正式场合使用，如：“吃了吗？”“去哪儿？”其实都是中国式的问候。

3.2.2 称呼

在人际交往中，称呼他人应遵循一定的行为规则，它是人际交往中不可或缺的礼仪要求，在正式场合中社交者的称呼必须符合礼仪规范。

1）称呼的顺序

称呼遵循先长后幼，先上后下，先女后男，先疏后亲的顺序。

2）称呼的方式

①常用的称谓。男性称“先生”，女性称“女士”。

②称呼行政职务。在政府、机关、企事业单位的公务往来中，都应使用行政职务进行称呼。如：对厅长、院长、局长、总经理等有行政职务的人，在正式场合应使用行政职务进行称呼。

③称呼技术职称。在技术能力与技术职称相吻合的单位中，应使用技术职称进行称谓。如：对在医院工作的主任医师、副主任医师，在高校工作的教授、副教授等进行称谓时应使用他们的技术职称进行称谓，表示对他们的尊敬。

④称呼职业名称。许多行业都有属于这个行业的职业称谓。如：师傅是对工人、司机的职业称呼；老师是对教育界人士通行的称呼，也是对给予我们帮助、教育的人士使用的称呼；医生、护士是对医务人员的职业称呼。

【小贴士】

有些人有多重身份，称呼时就高不就低，如学校的老师担任院长职务时应称院长。

称呼时应加上姓氏，加上姓氏的称呼能表达对对方的熟悉和重视。

3）称呼禁忌

（1）庸俗的称呼

社会上流行的一些称呼在正式场合使用就显得庸俗了，如：购物时对男士都称老板，对女士都称美女。

(2) 他人的绰号

通常叫别人的绰号都带有调侃他人的意思，正式场合切不可使用。

(3) 地域性称呼

一些带有地域特色的称谓词，在当地使用是其地方风俗习惯，但跨地域使用或是正式场合使用就不恰当了。

(4) 简化性称呼

一些称谓词比较长，私底下人们会使用简化的称呼，如：张总经理，我们会称张总，但是在正式介绍时还用简化的称呼就不合乎时宜了。

3.2.3 介绍

介绍是人际交往中与他人进行沟通，增进了解，建立联系的一种最常见的方式。正确地利用介绍，不仅可以使不相识的人抛弃陌生感和畏惧感，而且可以扩大自己的交际圈，广交朋友，缩短人与人之间的距离。

1) 介绍的种类

(1) 正式介绍

正式介绍是指在较为正式、郑重的场合进行的介绍。它必须符合介绍的顺序要求、介绍的礼仪要求。

(2) 非正式介绍

非正式介绍是指在一般的、非正式的场合进行的介绍。这种介绍不必过分讲究正式介绍的规则，可以轻松、随意一些，目的是让大家彼此认识。

(3) 自我介绍

自我介绍是必要的社交场合，由自己担任介绍的主角，将自己介绍给其他人，以使对方认识自己而进行的介绍。

(4) 集体介绍

集体介绍通常是指介绍单位、团体等多人构成的集体。集体介绍时应先介绍人数少的一方。

【知识拓展】

自我介绍的技巧

自我介绍要讲究方法，掌握技巧，恰到好处，不失分寸。

1. 短小精悍

原则是越短越好，以简明扼要为宜。

2. 把握时机

一般要在对方有兴趣时、有空闲时、有心情时、干扰少的时候进行介绍最容易收到最佳的效果。值得注意的是，当与对方曾有过一面之交，但看起来对方因健忘而记不清楚时，要自己主动上前进行介绍，以避免尴尬情况出现。

3. 态度诚恳

态度要自然、亲切、落落大方，最好能表示出自己渴望认识对方的热诚，不要矫揉造作，扭扭捏捏，尤其是不能夸大其词，自吹自擂。

4. 内容准确

自我介绍的内容具有很大的灵活性、针对性，在不同的场合、面对不同的对象，根据需要选择自我介绍的内容，不能千篇一律，一概而论。

2）介绍的顺序

长者、上级、女士有优先权。

为他人作介绍时，要遵循的一个重要的原则是“卑者先行”。即为他人做介绍前，要先确定出双方的主次尊卑关系，再据此先介绍卑者，再介绍尊者。

【小贴士】

介绍的方法

1. 年轻者与年长者，应先介绍年轻者，后介绍年长者。例如：“张先生，这位是小李，小李是……”

2. 上级与下级，应先介绍下级，后介绍上级。例如：“范校长，这位是刘老师，刘老师是……”

3. 男性与女性，应先介绍男性，后介绍女性。例如：“王小姐，这位是陈先生，陈先生是……”

4. 已婚者与未婚者，应先介绍未婚者，后介绍已婚者。

5. 主人与客人，如果是工作性质，应先介绍主人，后介绍来宾。

6. 当介绍的双方身份上有重叠时，要具体情况具体分析。要视当时的场合来决定男女、长幼、上下、宾主等关系的重要程度，再进行介绍。

3）介绍的礼仪

（1）介绍者的基本要求

①介绍者。通常是具有一定身份的人，如东道主、长者、人际交往中的接待人员、熟悉双方的人等充当介绍者。

②原则。严格遵循介绍顺序。

③内容。介绍时，要字斟句酌，不能掉以轻心，敷衍了事，顾此失彼。介绍的内容应依据场合、对象、目的来介绍。

（2）介绍者应注意的礼仪

①介绍之前。应征求一下双方的意见，了解双方是否有认识的愿望，使双方都有思想准备，不会感到唐突不安。被介绍者如果有不情愿的原因，应说明缘由。

②介绍手势。介绍时，介绍者平举双掌，五指并拢，掌心朝上，不可用手指头指来指去（图3.4）。

③介绍内容。介绍者在帮助双方寻找到共同的话题，这样有助于被介绍的双方在最短的时间内消除陌生感。等他们搭上话后，应离开，给他们交流的机会。

④介绍用词准确。介绍时不使用易生歧义的简称，也不使用不文明的、捉弄人的话语。

（3）被介绍者应注意的礼仪

被介绍双方都要起身站立，面带微笑，目视被介绍的人，落落大方，神情专注。

当介绍完毕时，被介绍者双方互相握手，彼此问候对方。如“您好！很高兴认识您！”“久仰大名”“幸会幸会”等等。

【案例阅读】

不合适的主婚人

黄小姐在上海大学毕业后到澳大利亚攻读硕士学位，由于忙于学习和工作，30多岁还没有结婚，后来才认识条件相当、博学多才的张先生，两人恋爱不久后就走入婚姻殿堂。结婚大喜之日，双方的亲戚朋友纷纷来参加隆重的婚礼，但是很多人都是第一次见新郎新娘。婚礼仪式开始后，

主婚人介绍新郎新娘。主婚人是新娘家的好朋友，从小看着黄小姐长大，对能担任她的主婚人感到很荣幸，隆重向来宾介绍了黄小姐。但只见过新郎一次，对新郎了解甚少，因此对张先生只是作了简单介绍。结果新娘家的人心里都觉得，黄小姐是不是因为年纪大了，随便找到个人就嫁了。新郎家的人，心里也在想，主婚人怎么这么偏心眼儿，难道我们家张先生配不上黄小姐吗?

3.2.4 握手礼

握手是使用最频繁、适用范围最广的国际通用的见面礼节。它最早起源为原始人类的摸手礼，沿袭至今就成了现代的握手礼。握手表达的意思很多，如见面、致意、亲近、友好、寒暄、道别、祝贺、感谢、慰问等，即通过握手，可以传递信息，也可以传情达意，让人感受到如阳光般的温暖或被拒之于千里之外。

1）握手礼规范

两人站立相距1米左右，上身稍前倾，伸出右手，四指并拢，拇指张开，两人的手掌与地面垂直相握，上下轻摇，一般3秒为宜，亲朋好友之间也可双手握。挚交或长辈对晚辈之间，也可右手握手，左手握住对方手臂或放在右肩。眼睛注视对方，微笑致意并伴随简短问候（图3.5）。

2）伸手顺序

握手的顺序主要根据握手人双方所处的社会地位、身份、性别等各种条件来确定。顺序为：上级、长辈、女士、主人先伸手。

图3.4　　图3.5

【小贴士】

迎接客人时，应由主人先伸手，客人告辞时，应由客人先伸手。当一个人需要与多人握手时，应注意先后顺序，由尊而卑，以免发生尴尬局面。

3）注意事项

（1）场合

迎接客人到来时，被介绍给他人时，熟人见面时，拜访告辞时，送别客人时，表示感谢、祝贺、慰问时，赠送或接受奖品时，拜托别人时等。在应该握手的场合若拒绝或忽视了别人伸过来的手，就是自己的失礼。

（2）前提条件

不能戴手套握手（除军人穿着制服、女士戴薄纱手套外），如果戴着手套，在握手前应摘下，实在来不及，要表示歉意，否则是对他人的蔑视。手要干净，如不干净，应请求对方的谅解，等洗净后再行握手。

（3）男女握手时

男士应握女士手掌的前半部分，即手指，不能握全掌。女士如不打算与别人握手，应与他人点头、欠身致意，而不应不理不睬。

（4）力度、时间

力度适中，不能用力太大，使对方有疼痛的感觉。时间以3秒为宜，可上下晃动两三下。否则会传递错误的信息。

（5）表情、话语

握手时双方一定要凝视对方，微笑致意，不可目光他顾、心不在焉，同时伴有问候语，如“您好！认识您真高兴！”“再会”等。

【小贴士】

握手的禁忌

①2人之间不宜隔物握手。

②4人之间不能交叉握手。

③握手后不立即擦拭手掌。

④避免掌心向下，居高临下的“支配式”的握手;掌心向上，谦卑的“乞讨式”的握手;过于无力,漫不经心的“死鱼式”的握手;轻触对方指尖的“抓指尖式”的握手;过于用力“蛮横式”的握手等体现不平等的握手方式。

【知识链接】

常见的其他见面礼

在世界范围内，比较常见的见面礼除了握手礼以外，还有鞠躬礼、亲吻礼、拥抱礼、合十礼。

1.鞠躬礼

鞠躬礼是中国、日本、韩国等国家的传统礼节，一般用于下级向上级、晚辈向长辈、主人向客人、服务人员向宾客表达欢迎、敬重时使用。行鞠躬礼时应：正面面对对方，身体立正,以腰为轴,背部挺直,自然弯腰,目光随身体下弯而自然下垂。男士双手贴于两侧裤缝，女士双手交叉于腹前。鞠躬时身体下倾幅度越大，表示越敬重对方。一般社交场合，身体前倾15°~45°，正式场合身体前倾45°~90°(图3.6)。

2.亲吻礼

亲吻礼是西方国家的传统礼节，如美国、法国、比利时等。亲吻礼与一定程度的拥抱礼相结合，常用于表达尊敬和友好。行亲吻礼时，根据双方之间的关系的不同，亲吻的部位和方式也有所不同。如长辈吻晚辈的额头；同性互吻面颊；异性之间只是贴一下面颊，象征性的亲吻；对地位较高的女士，人们向她行吻手礼。

图3.6 日本太子妃雅子鞠躬送别丈夫

3. 拥抱礼

拥抱礼是欧美国家流行的礼节，如俄罗斯、美国等国家。拥抱礼适用于官方或民间迎送宾客、祝贺致谢等多种场合。行拥抱礼时应面对对方，张开双臂，左手揽腰，右手搭肩，左脸相贴，再右脸相贴，再左脸相贴，一共相互拥抱 3 次才算礼毕。

4. 合十礼

合十礼普遍用于信仰小乘佛教的国家，如泰国、老挝、柬埔寨等，中国西双版纳的傣族和其他信仰佛教的人们也使用合十礼。行合十礼时，人们相对直立，双手合十于胸前，再面含微笑，身体前倾，口颂祝词或问候对方。行礼时，合十的双手举得越高表示越敬重对方，但原则上不可高过额头。

3.2.5 名片礼仪

名片早在我国西汉时期就已经开始流行了，当时称作“谒”，用木或竹子削成片，是谒见别人时通报姓名用的。现代名片是现代社会人际交往活动的最普遍、最实用的联络媒介。它简单明了，便于携带，易于保存，用途广泛，受到各界人士的欢迎。

1）名片的选择

名片虽然只是一张纸片，但却是一种个人的“介绍信”和社交的“联谊卡”，也是一个人的个性和形象的展示，因此，对名片的选择就显得十分重要。应根据需要选择恰当的规格、色彩、字体、版式、内容。

2）名片的用途

（1）方便自我介绍

初次见面时，名片可以简单明了地说明自己的身份，节省时间，提高效率。

（2）易于保持联络

名片具有易于保存的特点，它就如同一张清晰明了的通讯录，上面的各种联络方式为交往双方的进一步联络提供了方便。

（3）有助扩大交往

名片具有类似广告的作用，它为个人广交朋友提供了方便，为单位扩大业务范围提供了可能。

（4）特定用途

名片在特定的场合使用时，便有了特定的用途和意义。如在求见他人、礼品馈赠、贺卡传递、辞行答谢、吊唁哀悼、信件往来等方面起到了各种不同的作用。

3）递名片的礼仪

①名片交换前要事先准备好，放在容易拿出来的地方，切不可在使用时乱找一气。

②递名片时起身站立，身体微微前倾，双手捧递，也可右手递，同时交换名片时应右手递，左手接。

③递名片时，要先检查一下，把名片的正面和文字都朝向对方，不可背面朝上或颠倒

着随意递给对方（图3.7）。

④递名片时，可以说："请多关照""认识一下""保持联系"等话，态度要谦恭、诚恳。

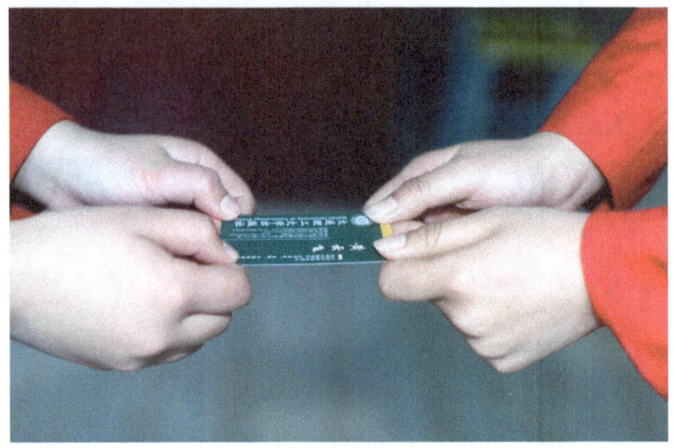

图3.7

【小贴士】

递名片禁忌

1. 忌夹

不可手指夹递名片，也不可将名片双手举过胸高。

2. 忌撒

名片代表一个人的身份，应注意场合与分寸，不能不讲场合，逢人随意滥发，要根据自己的需要确定递赠对象。

3. 忌选

忌选，即不要挑选式发放。与多人交换名片时，不可甩递名片，要遵从由尊而卑或由近而远的顺序依次而行，也不可挑三拣四，跳跃式地发放名片，令人产生厚此薄彼的感受。

4）接受名片的礼仪

①接名片时，立即停止手中的事情，起身站立，面带微笑，目视对方。

②双手拜接为最佳，不可左手接。态度恭敬，要有感兴趣的表示。

③当接过名片时，要仔细看一遍，就名片上的某些问题当场与对方交流，有时可以有意识地重复名片上的姓名、职务等以示仰慕（图3.8）。也可看完说一

图3.8

句："很高兴认识你。"

④接过的名片应仔细收藏。接过名片后不能连看也不看，或顺手放在桌上，或随意装入衣袋，或往名片上压东西等，这些都是极不礼貌的行为。名片是个人身份的一种象征，要令对方感觉重视与珍惜。

【小贴士】

索要名片的方法

当需要向他人索要名片时，切不可直截了当或强行索要，如"能不能给我一张您的名片？"这会使没有名片的人很尴尬，也会使有名片但忘记带来的人感到抱歉。因此，要含蓄而仔细地询问对方的姓名、地址等，学会保护他人的自尊心和虚荣心。

1. 当需要向尊者索取名片时，可询问对方："今后怎样向您请教？"

2. 当需要向平辈或晚辈索取名片时，可询问对方："以后怎样与您联系？"

任务3　电话使用

【案例导入】

接听电话的两种不同态度比较

序　号	生硬、粗鲁的电话接听	有礼貌的电话接听
1	喂！你找谁?	您好！顺通公司，请问有什么事吗?
2	你是谁?	怎么称呼您?
3	你再说一遍，我好确认。	（复述一遍后）请问是否正确?
4	你找的人不在。	抱歉!他现在不在，等他回来后我会转告他，请问您需要留下联系方式吗?
5	没有这个人。	对不起，没有您说的这个名字，您还有其他信息可以提示我吗？我再查一下。
6	不知道。	抱歉，这个事我不是很清楚，需要帮您问问吗?

【任务分析】

请同学们看看你们采用的是哪一种电话接听方式？你采用的接听方式会有什么样的后果？

在当代社交生活中，人们普遍使用电话作为联系、沟通和表达情感的工具。电话是一种特殊的交谈方式，往往只能凭话筒里传来的声音、语调、语言内容对对方做出想象的知觉。而这种想象知觉虽然难为双方建立牢固的友谊和信任，却能反映通话人的文明程度和礼仪修养。在我们现实生活中，就经常有双方从来没有见过面，而在电话中交谈的神情和气氛就像是昨天刚见过面的老朋友和知心朋友。这便是电话的效应。但是要打好电话，却是一门艺术，无论是发话人还是受话人都应当注意电话礼仪。

3.3.1 电话使用的原则

1）什么时间

一天24个小时，什么时间可以给别人打电话？这个问题是每个人在打电话前都应该考虑的问题。公务电话一般应在上班时间打，如果下班了不得不打，接通电话后应先为打搅别人休息而道歉。私人电话就应该在下班后再打。一般中国人在晚上10点以后，早上8点以前都不应该打电话，除非是紧急事情非打不可。

2）什么对象

打电话前应确认通话对象。给上级领导打电话请示或汇报工作时，不要过于拘谨，谈吐自然得体，讲话开门见山，条理清晰。给下级打电话时，态度谦和、亲切、自然，不摆架子，不打官腔。

3）什么地点

在家里打电话，应注意不要影响家人的休息。在单位打电话，应放低音量，尽量不影响同事办公。若用公用电话，应长话短说。飞机起飞后一定要关闭手机。开会、看电影时，或是加油站、医院重症病房都不应该使用电话。

4）什么内容

打电话前，应理清思路，拟好谈话要点，顺序说话。电话内容应简明，节约时间。忌表达含混不清、语无伦次、耽误时间。

3.3.2 电话使用的礼仪

①您好之后自报家门，勿让对方猜自己是谁。
②确认通话对象，征询通话者是否方便接听电话。
③说话时音量适中，语速适当，语言流畅。
④私下与其他人交谈应先致歉，再捂住话筒。
⑤断线应马上重拨并至歉。
⑥复述重要内容（图3.9）。
⑦注意语言文明礼貌。
⑧保持愉快表情，不愉快的表情会有不愉快的声音。
⑨保持专注，勿边说边玩。
⑩不要忘记最后的祝福和感谢。

图3.9

【小贴士】

挂断电话礼仪

通话结束后，主人、晚辈、下级、男士应礼貌等待，让客人、长辈、上级、女士先挂断电话。不能明确通话者尊卑时，通常由接听者先挂断电话。

3.3.3 手机使用的礼仪

（1）令其安守本分

使用手机要遵守社会公德，该关机时关机，该静音时静音。

（2）方便他人为先

保持电话畅通，及时回复短信和漏接电话，给人发短信时应署名。

（3）注意身体健康和安全

手机有一定的辐射，睡觉时应远离头部。长时间看手机屏幕会对视力造成伤害。有些人开车、走路时都在看手机，存在安全隐患。

任务4 礼尚往来

【案例导入】

送斯大林的寿礼

1949 年 12 月 21 日，是斯大林 70 岁生日。为了给斯大林选寿礼，毛泽东亲自起草给中共山东分局的电报，明确要求："斯大林同志今年十二月廿一日七十大寿，中央决定送山东出产的大黄芽白菜、大萝卜、大葱、大梨子作寿礼。"每样 5000 斤，共 2 万斤，由中央派飞机到济南接运，并要求"注意选择最好的"。

寿礼中的农产品，还有浙江的龙井茶、安徽的祁门红茶、江西的冬笋等。另外，还带了江西景德镇的瓷器，湖南湘绣斯大林像，福建的漆器，杭州的纺织品和刺绣，贵州茅台酒，上海名烟、牙雕等。寿礼整整装了几车皮，毛泽东却舍不得给自己做一件像样的呢子大衣以抵御西伯利亚的严寒。

1949 年 12 月 21 日，苏共中央在莫斯科大剧院为斯大林举行盛大的生日庆祝仪式。毛泽东在大会上的祝词引起了与会各国共产党高级代表团的强烈反响。

毛泽东去苏联，说是去祝寿，其实是要与苏联搞一个"既好看又好吃的东西"。1950 年 2 月 14 日，在毛泽东访问苏联期间，中苏在克里姆林宫签订了《中苏友好同盟互助条约》。这就是毛泽东说的那个"既好看又好吃的东西"。

【任务分析】

毛泽东为什么选择这些礼物?

馈赠是人们用物质的形式表达相互的祝贺、敬意、友谊、爱情、感谢、慰问等的内心感情的一种方式，是日常社交和正常工作活动中的一项重要内容。馈赠与借收礼物之机进行敲诈、勒索、贿赂有着本质区别。馈赠礼仪是指在礼品选择、赠送、接收过程中，人们应当遵循的惯例和规范。我们通过学习馈赠礼仪，正确认识馈赠的意义与价值，妥善处理和安排馈赠活动，促使人们的社交关系、工作关系正常、健康的发展。

3.4.1 馈赠与礼物

1）馈赠的起源

馈赠起源于古代的祭祀活动。古人在祭祀时，除了用特定的动作、虔诚的态度向神表示崇敬和敬畏外，还将自己的最有价值的物品奉献给神灵，来突出神的不可侵犯的地位。

关于礼物，也有人认为礼物来源于古代战争，由于部落兼并产生了“纳贡”，被征服者定期向征服者送去食物、奴隶等，以期获得庇护。再后来人的礼尚往来，是以礼品的馈赠与酬报的方式进行的产品交换。

2）馈赠礼品的意义

（1）礼品是社交的纽带

送礼是人类社会各个时代、各个地区普遍存在的社会现象。逢年过节、婚丧嫁娶、探望祝贺等时候，选择合适的礼物馈赠都能表达我们特殊的愿望，传递特殊的情感，是人际交往中正常的情感传递方式。《礼记·曲礼上》记载：“礼尚往来，往而不来，非礼也；来而不往，亦非礼也。”

（2）礼品是人品的延续

礼品能衡量感情、智慧和才干，礼品也是人品的延续。礼品的选择应该是精挑细选，既在自己能承受的经济范围之内，又符合受礼人的需要、兴趣和愿望，这个礼物就是好的情感表现。而明知已经过了保质期的食品，却还当作礼物送给他人就是不道德的表现。

3.4.2 馈赠的原则

礼品有贵贱厚薄之分，有雅俗善恶之别。得体的馈赠能为人际交往活动锦上添花，给人们的情感注入活力。

【案例阅读】

千里送鹅毛

唐朝贞观年间，西域回纥国是大唐的藩国。一次，回纥国为了表示对大唐的友好，便派使者缅伯高带了一批珍奇异宝去拜见唐王。在这批贡物中，最珍贵的要数一只罕见的珍禽——白天鹅。缅伯高最担心的也是这只白天鹅，万一有个三长两短，可怎么向国王交代呢？所以，一路上，他亲自喂水喂食，一刻也不敢怠慢。这天，缅伯高来到沔阳湖边，只见白天鹅伸长脖子，张着嘴巴，吃力地喘息着，缅伯高心中不忍，便打开笼子，把白天鹅带到水边让它喝了个痛快。谁知白天鹅喝足了水，合颈一扇翅膀，“扑喇喇”一声飞上了天！缅伯高向前一扑，只捡到几根羽毛，却没能抓住白天鹅，眼睁睁看着它飞得无影无踪，一时间，缅伯高捧着几根雪白的鹅毛，直愣愣地发呆，脑子里来来回回地想着一个问题：“怎么办？进贡吗？拿什么去见唐太宗呢？回去吗？又怎敢去见回纥国王呢！”随从们说：“天鹅已经飞走了，还是想想补救的办法吧。”思前想后，缅伯高决定继续东行，他拿出一块洁白的绸子，小心翼翼地把鹅毛包好，又在绸子上题了一首诗：“天鹅贡唐朝，山重路更遥。沔阳湖失宝，回纥情难抛。上奉唐天子，请罪缅伯高，物轻人义重，千里送鹅毛！”缅伯高带着珠宝和鹅毛，披星戴月，不辞劳苦，不久就到了长安。唐太宗接见了缅伯高，缅伯高献上鹅毛。唐太宗看了那首诗，又听了缅伯高的诉说，非但没有怪罪他，反而觉得缅伯高忠诚老实，不辱使命，就重重地赏赐了他。

从此，“千里送鹅毛，礼轻情意重”便成为我国民间礼尚往来、交流感情的写照或一种谦词。

1）轻重原则

礼物厚薄是诚意与情感的标志，但并不成正比。礼品既有其物质价值，也有其精神价值。人们送礼时应明白，寄物于情无可厚非，但物绝不等同于情。我们既要注意礼品的价值，更不可忽略情感的交流。

2）时机原则

馈赠时机的选择中是否适宜为选择契机。在最需要时得到的是最珍贵的，时机合适才能令人难忘。一般来说，雪中送炭，雨中送伞，节日、纪念日、乔迁新居、结婚生子、金榜题名是馈赠佳机，最能表达真挚的情感。

3）效用原则

礼品选择时，送礼人与受礼人的经济条件不同、文化程度不同，审美观、价值观不同，对于礼品的选择和要求自然不同。礼物的效用原则是必须要认真考虑的。对物质生活贫寒的人，可以选择送实用性礼物；对生活水平较高的人，则可以选择艺术性、趣味性、纪念性、思想性的礼品。

【阅读材料】

北京大学赠送给连战的礼物

2005 年 4 月 29 日，连战访问北京大学，获得一份特殊的礼物：母亲赵兰坤女士在 76 年前毕业于燕京大学的学籍档案和相片，其中包括在宗教系就读的档案、高中推荐信、入学登记表、成绩单等，大多是她亲笔写的字。在这份特殊的礼物面前，一贯严谨的连战先生也难掩内心的激动。他高举起母亲年轻的照片细细端详，眼里泛着晶莹的泪光。这一刻，他满脸都是幸福的微笑。

4）投好避忌原则

一些礼品不可避免地会引发联想，馈赠时应考虑人们的宗教信仰，各个国家和地区的风俗习惯，以及受礼人的喜好、性格、体貌特征等。馈赠时，要把握投其所好，避免禁忌。

中国人馈赠的忌讳：数字4，黑色、白色、绿帽子、白纸花、钟、刀、剪、梨、乌龟、手帕、伞、空钱包。这些东西都有不好的寓意而让人们不选择作为礼物。

同外国人交往时，应了解他们的宗教信仰、风俗习惯。比如：信仰基督教的人都不喜欢数字13，日本人忌讳数字4和9，不送菊花、荷花；英国人不送百合花，也不给关系一般的女性送香水、化妆品；美国人忌讳贵重礼物，因有受贿之嫌。

【知识拓展】

花语

玫瑰：爱情　丁香：初恋　菊花：高洁　橄榄：和平　康乃馨：母爱
桂花：富贵　牡丹：高贵　水仙：尊敬　百合：纯洁　仙人掌：热情
茶花：美好　荷花：纯洁　兰花：高雅　杏花：疑惑　郁金香：幸福
垂柳：悲哀　石竹：拒绝　松柏：坚强　梅花：坚贞　向日葵：健康

图3.10

3.4.3　受赠礼仪

接受礼物时应注意礼貌，考虑送礼人的感受和当地的文化习俗。

1）欣然接受

传统的中国式受礼是推来搡去，勉为其难地接受礼物，这样的方式在现代礼仪中被认为是不礼貌的。对于可以接受的礼物，现在提倡的受礼方式是：受礼时起身微笑，双手接过礼品，表示感谢，大大方方、高高兴兴地接受礼物。公务馈赠时，还应握手致谢，拍照留念。

2）启封赞赏

老一辈人认为，无论什么受礼都是受之有愧，因此，总是在收下礼物后搁置一边，

事后绝口不提。现代礼仪提倡：能接受的礼物都应坦然接受，当面拆封包装，认真欣赏礼品，由衷赞美礼品。这样的喜爱表现正是对馈赠人的最好感谢方式。

3）回赠礼物

中国人讲究礼尚往来，在接受了他人礼物后，一般都应回赠礼品，展现美好、健康的人际交往。回赠礼物一般与接受的礼物等价或略高，避免完全相同的礼品。还要注意选择恰当的回赠时机，不可立刻回赠，否则有还债之嫌。

【小贴士】

当礼物超出规定、可接受限度或受之不妥时应拒绝。应根据与赠送人的关系和事由，采用合适的拒绝方式。

1. 委婉拒绝：用委婉的方式和语言拒绝。
2. 直言缘由：直截了当、义正词严地拒绝。
3. 事后退还：一般是隔天退回，表示感谢，并说明不能接受的原因。

任务训练　拜访接待

教学目的	通过学习熟悉社交礼仪。
先修与并修	并修
学习内容	1.言谈礼仪。 2.见面礼仪。 3.电话礼仪。 4.馈赠礼仪。
学习产出	1.学会拜访接待时所涉及的礼貌语言、见面礼仪、电话礼仪和馈赠礼仪。 2.学会登门拜访和接待客人。
评价标准	1.形象与身份是否符合。 2.拜访接待所涉及的手势、表情、言谈礼仪规范。 3.正确选择礼物。

项目 4
公务礼仪

随着中国国际地位的不断上升，参与国际活动日渐频繁，在全球一体化的社会环境下，服务人员对公务活动、商务活动及礼宾活动应该有所认识。

任务1　认识礼宾原则与次序

【案例导入】

习近平担任国家主席两年就出国访问16次，共造访38个国家。足迹踏遍六大洲，其中访问亚洲国家数量最多，达到13个。作为2015年度中国领导人出访的“压轴大戏”，习近平主席于11月29日至30日赴法国巴黎出席气候变化大会开幕活动，12月1日至3日对津巴布韦和南非进行国事访问，并于12月4日至5日在南非约翰内斯堡出席中非合作论坛峰会。这7天时间里，习近平主席日夜兼程，辗转3国4座城市，密集开展双多边活动，同50多个国家和地区组织领导人举行会谈会见，发表多场重要演讲，提倡议，推合作，促团结，谋共赢。

【任务分析】

国际交往应该注意哪些问题？

礼宾工作是外交工作的一个组成部分。在国际交往中，礼宾规范体现着交往双方的尊严，也体现了各国政府的外交政策。礼宾工作主要是根据本国的对外方针政策，遵循国际法、国际惯例，组织安排好对外礼宾接待活动。

4.1.1　国际礼宾原则

国际交往的根本法则是国家的“主权平等”。在现代国际关系中，“主权平等”是礼宾的基本原则。

在具体工作中，涉外礼宾必须要遵循礼宾三原则，即平衡原则、对等原则、惯例原则。

1）平衡

平衡，指无差别。国家无论大小，无论是发达国家还是贫穷国家，接待同一级别的外宾应按同一规格接待，不能厚此薄彼。

2）对等

对等，指规格对等、身份对等、礼遇对等，也就是礼尚往来。你如何对待我，我也如何对待你。“来而不往，非礼也。”在国家层面的交往中严格遵循对等原则。

3）惯例

惯例，指按国际社会普遍认可和广泛接受的习惯做法。

【阅读材料】

英国 103 响礼炮欢迎习主席

据中国驻英国大使刘晓明透露，2015年11月，习近平主席访问英国，英方的欢迎仪式将要鸣放礼炮103响，而不是传统的21响。当被问及英方为何将鸣放103响礼炮时，我国驻英国大使刘晓明表示，这也是他第一次听说。

按惯例，一般别的国家给国家元首的礼炮是21响，在英国放礼炮的地方有两处：一处是在绿园（Green Park），靠近阅兵场，相当于天安门广场。将在绿园放41响礼炮，有21响是欢迎习主席（给国家元首的），再加20响表明是王室的客人；另一处是在伦敦塔还将再放62响，其中41响与绿园一样，再加上伦敦城欢迎习主席的21响，总计起来也就是103响了。这是一个非常隆重，也是极为罕见的欢迎仪式。

4.1.2 国际礼宾次序

在国际交往中的礼宾次序，是指对出席活动的国家、社会团体、各国人士的位次，按规则和惯例进行排列的先后次序。礼宾次序的排列，在国际上已有一定的惯例，常用的排列方法有以下3种：

①按身份与职务高低安排。一国代表团，按其成员的职位高低安排；多国代表团，按团长身份职位高低安排。由于各国的国家体制不同，部门之间的职务高低不尽一致，因此，要根据各国的规定，按相当的级别和官衔进行安排。

②按字母顺序安排。在多边活动中，常采用按参加国国名起首字母顺序安排，一般以英文字母排列居多，东道国一般排在最后。

③按时间先后顺序安排。

【小贴士】

按时间先后顺序排列

按通知代表团组成的日期先后排列。按通知代表团组成的日期先后排列礼宾次序，也是常用的礼宾次序排列方法之一。

1.东道国对同等身份的外国代表团，按派遣国通知东道国该国代表团组成的日期排列。

2.按派遣国决定应邀派遣代表团参加该活动的答复时间先后排列。

3.按各国代表团抵达活动地点的时间先后排列。

当然，采用何种排列方法，东道国在致各国的邀请信中均应加以注明。礼宾次序的排列往往不能用一种方法，可几种方法交叉，考虑包括国家之间的关系，活动性质与内容，对活动所作的贡献及参加活动者的资历、威望等因素。

4.1.3 国旗悬挂

国旗是国家的标志，象征着国家的主权和尊严。因此，每个爱国的人都应该尊重和爱护国旗。人们往往通过悬挂本国国旗或他国国旗，表示对本国的热爱或对他国的尊重。在国际交往中，形成了一些悬挂国旗的惯例为各国所公认。

1）外事活动中悬挂国旗的场合

①按国际关系准则，一国元首、政府首脑在他国领土上访问，在其住地及交通工具上悬挂国旗（有的挂元首旗），是一种外交特权。

②东道国接待来访问的外国元首、政府首脑，在举行迎送仪式地点等隆重场合，在贵宾下榻的宾馆、乘坐的汽车上悬挂对方（或双方）的国旗（或元首旗），则是一种礼遇（图4.1）。

③国际上公认，一个国家的大使馆、住所、交通工具上，有权悬挂本国国旗。

④各种国际会议、展览会、体育比赛场所均悬挂有关国家的国旗。大型比赛中为获得前三名的运动员升国旗。

图4.1　图片来源：新浪网

2）国旗悬挂的礼仪

①制旗规范。国旗颜色、长宽比例按宪法规定；旗面完好、整洁。

②参加升、降旗者，服装整洁；仪式开始时，停止任何活动；面对旗杆，立正，脱帽、行注目礼。

③按国际惯例，双方悬挂国旗，以右为上，左为下，客为右，主为左。以旗本身面向为准，右挂客方国旗，左挂本国国旗。汽车上挂国旗，则以汽车前进方向为准，驾驶员右方为上。

④主客标准是以活动主办人为“主人”（图4.2）。

⑤国旗不能倒挂、反挂。

图4.2 图片来源：新华网

【小贴士】

在室外的旗杆或建筑物上挂国旗，一般应日出升旗，日落降旗。降半旗是先将国旗升至旗杆顶部，再降至离杆顶 1/3 处。

任务2 仪式活动的实施

【案例导入】

英国是个君主立宪的国家，也就是女王是英国象征意义上的最高的国家元首，享受特殊的国家待遇和地位，在英国民众中也具有崇高的政治地位。而在英国的对外交往和国家礼仪活动之中，女王是一个特殊的政府符号，也是政府彰显对某一事件重视的一张特殊“王牌”。特别有意思的是，在政府陷入危机的时候，女王往往起到某种调解作用，以保持政府的正常运转。当然，随着现代政治体制和决策程度的完善，女王的意义主要是国家形象的象征与符号，在特定场合发挥特殊的庆典和仪式作用。

到 2016 年，英国女王伊丽莎白已经 90 岁了，因此，在活动中出席的频率越来越低，以保持女王的正常生活舒适度。对于外宾而言，被女王接见则是一种较高的荣誉，代表着英国对该国关系的重视。

女王如果应允在某些场合接见外宾，一方面说明女王对于此次会晤的重视，并连同英国行政机构首脑等人员共同参与会议；另一方面说明该外宾的特殊重要性。因为对于英国现有的礼宾制度而言，并不需要由女王亲自出席活动，只要由王子代理参加即可。

从目前的国际交往来看，女王会见的，一般是主要国家的元首，或者有历史沿袭关系的皇室成员，以及其他各领域女王认为有必要会见的人士。

【任务分析】

1. 英国女王的接见，为何是高度礼遇？

2. 查阅资料英国女王接见视频，观察会见细节。

在商务活动的仪式中，特别是隆重、庄严、盛大的商务活动，有着严格的规范和惯例的程序，服务人员应该学会各种仪式的场地布置和活动安排。

4.2.1 会见

国际上一般称会见为接见或拜会。凡身份高的人士会见身份低的，或是主人会见客人，一般称为接见。凡身份低的人士会见身份高的，或是客人会见主人，一般称为拜会。拜见君主，又称谒见、觐见。我国不作上述区分，一律统统称会见，接见和拜会后的回访称为回拜。

1）会见的形式

会见有礼节性的、政治性的和事务性的，或兼而有之。礼节性的会见时间较短，话题较为广泛；政治性会见一般涉及双边关系、国际局势等重大问题；事务性会见则有一半外交交涉、业务商谈等。

2）会见的安排

会见可根据场地定，通常分为半圆形（图4.3）和门形两种（图4.4），席位按国际惯例“右为尊”安排。

图4.3　图片来源：blog.sina.com.cn

图4.4　图片来源：百度图库

【问题】

指出上列两图中的主人、主宾及主、客的席位。

【小贴士】

我国国内的会议席位安排，是根据中国传统的习惯“中为尊，左为尊”。为方便来宾对号入座，服务人员应提前排座次，摆名签（图 4.5）。

图4.5　图片来源：百度图库

4.2.2　会谈

1）会谈的概念

会谈是指双方或多方就经济、文化、军事等某些重大问题，以及其他共同关心的问题交换意见。会谈也可涉及洽谈公务，或就某项具体业务进行谈判。一般来说，内容较为正式，政治性或专业性较强。

2）会谈的安排

（1）双方会谈

会谈桌可以是长方形或椭圆形桌子，宾主相对而坐，双方主谈居中，其他人员遵循右高左低的原则（图4.6和图4.7）。

图4.6　图片来源：blog.sina.com.cn

图4.7　图片来源：红动中国

【问题】

指出上列两图中主、客及主人和主宾的席位。

（2）多方会谈

会谈桌多为圆形，常说的圆桌会议，没有主和客，体现平等（图4.8）。

图4.8 图片来源：新华网

【知识链接】

会议茶水服务

斟茶续水说起来是人人都会做的事情，但是要做好也大有讲究，凡事要遵循规矩。会议接待服务是一项重要工作，会议时间一般要持续好几个小时。做好会务的服务工作，按时给参会人员倒茶续水就显得十分重要。

开会前，应及时准备好充分的开水，并放好茶叶。如果能掌握准确的开会时间，可以提前几分钟倒好茶水；如果开会时间无法确定，则要等与会人员到场再倒水。倒水时双手端上，并礼貌地小声说："请用茶。"一是提醒他人避免没注意碰到杯子，造成烫伤；二是表示礼貌。杯子把手朝向客人，放在容易且方便拿的地方。

续水，一般在活动进行15~20分钟后进行,要随时观察会场的用水情况，续水时瓶口要对准杯口，不要把瓶口提得过高，以免溅出杯外。在往高杯续水时，如果不便或没有把握一并将杯子和杯盖拿在左手上，可以把杯盖翻放在桌上或茶几上；如果只是端起高杯来倒水，续完水后要把杯盖盖上。切不可把杯盖扣放在桌面或茶几上，这样既不卫生，也不礼貌。端放茶杯动作不要过高,更不可从他人肩部和头上越过。

注意：

1.壶嘴不要对着客人，要从客人右边倒。主席台一定要从客人背后加水。

2.续水时，直接在桌上或茶几上往杯中倒水、续水，是不符合操作规范的。

3.会议途中续水时，进入会议室的时候一定要轻，避免发出大的声音。在续水的时候要稍微提醒一下在座的人，因为有可能别人没看见你在倒水，身体动一下，或者突然站起来的时候会把水洒到别人身上，这是很忌讳的。

4.会议中间休息，要尽快整理现场，同时添补和更换物品。

最后，续水的时候要多注意观察，烟灰缸内一般不超过3个烟头。茶杯被污染要及时更换。喝水快的话就要加快续水的频率；喝水慢的话可以减慢续水的速度，随机应变，灵活运用，切忌心急，一定要轻、稳。

4.2.3 签约

政府组织、企业或社会团体之间经过协商、谈判，就政治、经济、文化、科技等领域的某些重大问题达成协议后，一般需要举行签约仪式。

1）人员确定

按平衡对等原则确定参加签约仪式的人员。签字人的身份必须与待签文件的性质相符，同时，双方签字人的身份、职位应该大体相当。通常情况下，参加签约仪式双方人数大体相等，而且，参加签约仪式的人员基本上是双方参加谈判的全部人员。为表示重视，也可以安排身份更高的人员参加签约仪式。

2）签约仪式的安排

通常是长方形签字桌。桌面覆盖深绿色台呢，桌后放两把椅子，是双方签字人员的座位，一般按主左客右入座。座前摆的是各自保存的文本，上端分别放置签字文具，如果是与国外政府或组织合作，中间摆一架旗，悬挂签字双方的国旗（图4.9）。

图4.9　图片来源：比特网

【问题】

指出图中主、客的席位。

【知识链接】

签约仪式的程序

1. 参加签约仪式的双方代表及特约嘉宾按时步入签字仪式现场。

2. 签约者在签约台前入座，其他人员分主、客各站一边，按其身份自里向外依次由高到低，列队于各自签约者的座位之后。

3. 双方助签人员分别站立在自己签约者的外侧。

4. 签约仪式开始后，助签人员翻开文本，指明具体的签字处，由签字人签上自己的姓名，并由助签人员将已方签了字的文本递交给对方助签人员，交换对方的文本再签字。

5. 双方保存的协议文本都签好字以后，由双方的签字人自已郑重地相互交换文本，同时握手致意、祝贺，双方站立人员同时鼓掌。

6. 协议文本交换后，服务人员用托盘端上香槟酒，双方签约人员举杯同庆，以增添合作愉快气氛。

7. 签约仪式结束后，双方可共同接受媒体采访。

4.2.4 庆典

庆典是各种庆祝仪式的总称。庆典活动种类繁多，内容很广，有周年庆典、有获得某项荣誉的庆典，有取得重大业绩的庆典，也有取得显著发展的庆典。庆典活动要遵循“热烈、隆重、节俭”的原则。

举行仪式的现场要张灯结彩，悬挂庆典的会标，会场的两边可以布置来宾或祝贺单位送的花篮。总之，庆典仪式现场要布置得热烈、大方、得体、有喜庆感（图4.10）。

庆典活动的主要类型有节庆活动 、 纪念活动和典礼仪式。庆典活动既是社会组织面向社会和公众展现自身的机会，也是对自身的领导和组织能力、社交水平以及文化素养的检验。因此，举办庆典活动时，服务人员应做到准备充分，接待热情，头脑冷静，指挥有序。

图4.10

【知识链接】

庆典活动注意事项

1. 确定庆典活动主题，精心策划安排，并进行适当的宣传。

2. 拟订出席庆典仪式的宾客名单，一般包括政府要员、社区负责人代表、同行代表、员工代表、公众代表、知名人士、社团。

3. 拟订庆典程序，一般为：签到、宣布庆典开始，宣布来宾名单、致贺词、致答词、剪彩等。

4. 事先确定致贺词、答词的人名单，并拟好贺词、答词，贺词、答词都应言简意赅。

5. 确定关键仪式人员，如剪彩、揭牌、托牌等。除本单位领导外，还应邀请德高望重的知名人士。

6. 安排各项接待事宜，事先确定签到、接待、剪彩、摄影、录像、扩音等有关服务礼仪人员。

7. 可以在庆典活动中安排节目，如舞龙等，还可以邀请来宾题词，以作为纪念。

8. 庆典结束后，可组织来宾参观本组织的设施、陈列等，增加宣传的机会。

9. 通过座谈、留言形式，广泛征求意见，并综合整理，总结经验。

【小贴士】

庆典仪式的行为规范

参加庆典活动时主办方人员应该：守时，注重仪表，服饰规范，态度友善，行为自律。外来人员则应尊敬重视，注意自己的行为举止。

任务3　办公接待

【案例导入】

张伟在一家广告公司做文案工作，他所在的公司规模虽然不算太大，但是由于老板的交际非常广泛，因此公司一直都发展得不错，而且最近老板又接了两个比较大的企划案，这无疑是全公司上下欢天喜地的大事情。公司里的所有员工都表现出了极大的工作热情，开始了马不停蹄地赶工，只有张伟在那里优哉游哉，一副心不在焉的样子。

创意总监让张伟负责写一些辞藻华美的广告词，他却磨磨蹭蹭地费了好大的劲才写完，而且一交上去，紧接着就玩起了升级游戏。当别的文案找他查一些资料，写一些文字时，他却以这不属于自己工作范围为由拒绝了。 张伟这种毫无热情的工作态度，终于给他带来了意想不到的危机。

因为他好像不是来工作而是来玩耍的。别人都没日没夜地加班赶进度，而他却在那里逍遥自在。张伟的所有举止，老板都看在眼里。终于，老板决定要拿他开刀，在一次谈话中，老板以他不适合公司为由炒了他的鱿鱼。

【任务分析】

请根据上述案例分析工作态度在职业生涯中的重要性。

4.3.1　工作态度

工作态度是对工作所持有的评价与行为倾向，包括工作的认真度、责任度、努力程度等。由于这些因素较为抽象，因此通常只能通过主观性评价来考评。

态度是个体对某一对象所持有的评价和行为倾向。态度的对象是多方面的，其中，有客观事物、人、事件、团体、制度及代表具体事物的观念等。态度是管理心理学的重要研究内容。著名心理专家郝滨老师曾指出："对一份工作的主观评价，在很大的程度上决定了工作态度和工作效率。"人们的态度在很大程度上受到价值取向的影响。不过，态度针对具体的人或事物，而价值取向则更为广泛。态度是指个体在一定环境中对一类人或事物作出积极或消极反应的心理倾向。工作满意度就是管理心理学中所研究的重要工作态度。

1）态度的3种成分

（1）认知成分

对一类人或事物性质和特征的认识或拥有的信息。

（2）情感成分

对一类人或事物的具体好恶感受或评价。

（3）行为意向成分

根据具体的认识和感受，对一类人或事物的行为意向。

工作态度是人们对于工作各个方面的心理倾向，也包括上述3种成分。对工作的认识和了解，与工作态度的认知成分相联系。工作的积极性与工作态度的行为成分密切有关。工作的满意感则属于工作态度的情感方面。

2）与工作绩效的关系

工作态度作为工作的内在心理动力，影响对工作的知觉与判断、促进学习、提高工作的忍耐力等。这些功能，直接关系到工作绩效的大小。

【阅读材料】

一个天主教神父到修建中的教堂工地上随便走走，和工人聊聊天。他看到一个工人的工作是敲石头，就问他在干什么，这个工人便说："你没看到吗？我在敲石头啊。"神父继续走，看到另一个工人也在做同样的工作，就问他同样的问题，这个工人说："我在工作赚钱。"神父又问第三个工人，结果这位工人热切地说："我是在盖一座大教堂，以后会有很多人来这里做礼拜。"

要热爱自己的工作，说来容易做来难，关键在于你要看到你所做的事情的意义和价值。一般说来，积极的工作态度对工作的知觉、判断、学习、工作的忍耐力等都能发挥积极的影响，因此能提高工作效率，取得良好的工作绩效。这表明积极的工作态度与工作绩效之间有着一致性的关系。但是，消极的工作态度，由于要取得很高的工作报酬，也可能引发积极的工作行为，取得良好的工作绩效。由于中介因素的影响，使得工作态度与工作绩效的关系十分复杂。

4.3.2 办公室工作人员的职业形象

衣冠不整，则宾客不肃。办公室工作人员必须仪容整洁，服饰、打扮得体，态度诚恳，不卑不亢；待人亲切，彬彬有礼；举止大方，端庄稳重。适当的修饰可以扬长避短，使自己容光焕发，充满活力（图4.11）。

图4.11

1）仪容礼仪要求

干净清爽，修饰自然。仪容礼仪就是要时刻注意修饰、整理、化妆，使自己时刻保持一个良好的精神面貌。在工作中表情温和、眼神友好、态度和悦、精神抖擞（图4.12）。

（1）头发

要经常梳洗，整洁大方，不宜烫染，女性长发用深色发饰扎起，发不遮脸。男性不留鬓角，头发前面不遮前额，后方不触及衬衣领，不涂抹过多的定型产品。

（2）面部

注意清洁与适当地修饰，工作时不戴有色眼镜。女性化淡妆，不使用气味浓烈的化妆品及香水；男士胡须要剃尽，不留胡子。保持口腔清洁，不要进食带异味的食物。

（3）手部

双手保持清洁，要做到勤洗手，不要让手部存有污垢。指甲要经常修剪洗刷，不要留黑边，保持清洁。不得留长指甲，也不得涂有色的指甲油。

图4.12

（4）饰物

符合身份，以少为佳，力求同色，争取同质。男士不戴过多、过复杂的首饰，女士不戴夸张首饰。

【小贴士】

着正装时的饰品佩戴：以少为佳——女士两大件，同质同色，风格统一。

饰品佩戴禁忌：忌戴有碍工作、炫耀财力、过于突出性别特征的饰品。

2）着装礼仪要求

工作场所的服装应整洁、优雅、庄重、大方，避免太过敞露、透明、紧身、过短，要保持服装淡雅得体，不得过分华丽。办公室工作人员不宜穿大衣或过分臃肿的服装，男士以庄重大方为上，女士以优雅简洁为佳（图4.12）。

4.3.3 办公室一般礼仪

办公室的工作琐碎繁杂，但在工作中有着重要的地位。工作人员要做到对人热情大方，工作高效稳妥，环境优美整齐，各方评价良好，从整体上提高服务水平，从根本上提高办公室形象。办公室工作要以“四要”为先，不断提高综合能力，提升形象。

1）环境要整洁

办公室是日常工作和接待的主要场所，好的工作环境不仅可以营造和谐气氛，让人身心愉悦，还有利于提高工作人员的积极性和工作效率。所以，保持办公室环境卫生的整洁是我们办公室工作的第一步，也是树立单位良好形象的一个重要环节。

①办公环境的布置要做到整齐、美观、舒适、大方，不在公共区域吸烟，不大声喧哗，不扎堆聊天，言行端庄大方，精神饱满，充满朝气。

②节约水电，禁止在办公家具和公共设施上乱写、乱画、乱贴，保持办公室安静。饮水时如不是接待来宾，应使用个人的水杯，减少一次性水杯的浪费。不得擅自带外来人员进入办公区，会谈和接待安排在洽谈区域。

③个人办公区要保持办公桌位清洁，非办公用品不外露，桌面码放整齐，当有事离开自己的办公座位时应将座椅推回办公桌内。

④下班离开办公室前，使用人应该关闭所用机器的电源，将台面的物品归位，锁好贵重物品和重要文件。最后离开办公区的人员应关电灯、门窗及室内总闸。

2）为人热情周到，礼貌为先

①神正。工作中要高度集中精神，不能心不在焉，答非所问。

②心正。与人交流时，表情、语言、眼神、肢体动作大方得体，不故作姿态，挤眉弄眼，也不要板脸作色、爱理不理，要热情、大方、友善。

③气正。做到落落大方，不卑不亢，不能“势利眼”，不能以不同的标准和态度对待

身边的人。

④语正。与人交谈时要认真专注，表情神态谦恭、友好、真诚，面带微笑，语音语调略低于对方，交谈时不能东张西望，心不在焉。

3）协作要流畅

工作中会涉及各方面的事情，学会交流与合作，尊重他人，学会观察、总结，适时、恰当地表达自己的建议，切勿自作主张。

4）工作要高效

在办公室里，一般要求做到举止庄重、文明，不要大声喧哗、指手画脚。在办公期间，要讲究工作效率，不谈私事，遵守制度，不要越级请示汇报。要认真履行自己的工作职责，敢于担当。

4.3.4 办公室禁忌

1）仪容仪表禁忌

在办公室工作服饰要与之协调以体现权威、声望和精明强干为宜。男士最适宜穿黑、灰、蓝三色的西服套装领带，男士注意不要穿印花或大方格的衬衫。女士则最好穿西装套裙、连衣裙或长裙，女士则不宜把露、透、短的衣服穿到办公室里去，否则使内衣若隐若现很不雅观。在办公室里工作不能穿背心、短裤、凉鞋或拖鞋，也不适合赤脚穿鞋。戴的首饰不宜过多，也不宜佩戴叮当作响的饰品。

2）语言及行为禁忌

①在办公室里对上司和同事们都要讲礼貌，不能因大家天天见面就将问候省略掉了。“您好”“请”“谢谢”“对不起”“再见”之类的礼貌用语要经常使用。

②同事之间不能称兄弟道弟或乱叫外号，而应以姓名相称。对上司和前辈则可以用“先生”或其职务来称呼。

③对女性要尊重，不能同她们拉拉扯扯，打打闹闹，在工作中要注意言行举止符合规范。

④不要在办公室里吸烟，也不要当众表演自己擅长的化妆术。如很想吸烟或需要化妆，则应去专用的吸烟室或化妆间。

⑤办公时间不要离开办公桌，不要看书报、吃零食、打瞌睡，不要做与工作无关的事情。需要离开办公室时，应向主管上级请示，告知因何事外出，用时多少。若上级主管不在，应向同事交代清楚。

⑥不要长时间接听私人电话，注意坐姿规范，不要因为只有自己一个人就把脚跷到办公桌上。

⑦不要与同事谈论薪水、升降或他人隐私，在外国老板面前打同事们的小报告，常会被当作不务正业，弄不好会搞掉自己的饭碗。

⑧工作中有需要向上级请示的，应报告主管领导，切莫逶过或越级上告。

⑨接待来访者，要平等待人，礼貌热情，推行首问责任制。

⑩在别人的办公室里，不要将衣服、公文包放到桌子上，如果公文包很重的话，则放到腿上或身边的地上。不要乱动别人的东西，停留的时间不宜太久，初次造访以 20 分钟左右为宜。

【小贴士】

1. 打断会议不要敲门，进入会议室将写好的字条交给有关人员。
2. 当来访者出现时应由专人接待，说："您好，我能帮您做些什么吗？"
3. 办公时间不大声笑谈，交流问题应起身走近，声音以不影响其他人员为宜。
4. 当他人输入密码时，自觉将视线移开。
5. 不翻看不属于自己负责范围内的材料及保密信息。
6. 对其他同事的客户也要积极热情。
7. 在征得许可前，不随便使用他人的物品。
8. 同事之间相互尊重，借东西要还，并表示感谢。

4.3.5 上下级相处礼仪

【案例导入】

公司为了奖励市场部的员工，制订了一项海南旅游计划，名额限定为 10 人。可是 13 名员工都想去，部门经理需要再向上级领导申请 3 个名额，如果你是部门经理，你会如何与上级领导沟通呢？部门经理向上级领导说："朱总，我们部门 13 个人都想去海南，可只有 10 个名额，剩余的 3 个人会有意见，能不能再给 3 个名额？"朱总说："筛选一下不就完了吗？公司能拿出 10 个名额就花费不少了，你们怎么不多为公司考虑？你们呀，就是得寸进尺，不让你们去旅游就好了，谁也没意见。我看这样吧，你们 3 个做部门经理的，姿态高一点，明年再去，这不就解决了吗？"

同样的情况下，去找朱总之前用异位思考法，树立一个沟通低姿态，站在公司的角度上考虑一下公司的缘由，遵守沟通规则，做好与朱总平等对话，为公司解决此问题的心理准备。部门经理："朱总，大家今天听说去旅游，非常高兴，非常感兴趣。觉得公司越来越重视员工了。领导不忘员工，真是让员工感动。朱总，这事是你们突然给大家的惊喜，不知当时你们如何想出此妙意的？"朱总："真的是想给大家一个惊喜，这一年公司效益不错，是大家的功劳，考虑到大家辛苦一年。年终了，第一，是该轻松轻松了。第二，放松后，才能更好地工作。第三，是增加公司的凝聚力。大家要高兴，我们的目的就达到了，就是让大家高兴的。"部门经理："也许是计划太好了，大家都在争这 10 个名额。"朱总："当时决定 10 个名额是因为觉得你们部门有几个人工作不够积极。你们评选一下，不够格的就不安排了，就算是对他们的一个提醒吧。"部门经理："其实我也同意领导的想法，有几个人的态度与其他人比起来是不够积极，不过他们可能有一些生活中的原因，这与我们部门经理对他们缺乏了解，没有及时调整都有关系。责任在我，如果不让他们去，对他们打击会不会太大？如果这种消极因素传播开来，影响不好吧。公司花了这么多钱，要是因为这3个名额降低了效果，就太可惜了。”

【任务分析】

大家都只顾表达自己的意志和愿望，忽视对方的表象及心理反应，请分析原因。

1）领导对下属的礼仪

（1）尊重下属的人格

领导不能因为在工作中与其具有领导与服从的关系而损害下属的人格，这是领导最基本的修养和对下属最基本的礼仪。

（2）善于听取下属的意见和建议

领导者应当采取公开的、私下的、集体的、个别的等多种方式听取下属的意见，了解下属的愿望，这样既可以提高领导的威信，又可以走进群众。

（3）宽待下属

领导应心胸开阔，对下属的失礼、失误应用宽容的胸怀对待，尽力帮助下属改正错误，而不是一味打击、处罚，更不能记恨在心，挟私报复。

（4）培养领导的人格魅力

作为领导，应有自己的人格魅力，如良好的形象、丰富的知识、优秀的口才、平易近人的作风等，这些都是与领导的权力没有必须联系的自然影响力。

（5）尊崇有才干的下属

领导不可能在各方面都表现得出类拔萃，而下属在某些方面也必然会有某些过人之处。作为领导，对下属的长处应及时给以肯定和赞扬。如：接待客人时，将本单位的业务骨干介绍给客人；在一些集体活动中，有意地突出一下某位有才能的下属的地位；都是尊重下属的表现。这样做，可以进一步激发下属的工作积极性，更好地发挥他们的才干。相反，如果领导嫉贤妒能，压制人才，就会造成领导和下属的关系紧张，不利于工作的顺利开展。

2）下属对领导的礼仪

（1）尊重领导，服从领导

这不仅体现出个人的素质，而且体现出自己的敬业精神以及对本单位认可和别人的尊重。

（2）学会倾听与沟通

寻找自然、活泼的话题，让领导充分地发表一些意见，被领导者可以适当地作些补充。讲究交谈艺术，把握交谈的时间，不用领导不懂的技术性强的术语，或抽象的、使人难解的词语与之交谈，更不能咬文嚼字，卖弄才学。

（3）保持自己的人格

被领导者与领导交谈时不要降低自己的人格，有害怕心慌的心理。同时，要注意聆听领导讲话。领导讲话时，不能心不在焉，更不能轻易插话与打断。

（4）了解自己的上司

了解上司的背景、工作习惯、奋斗目标，这是与上司相处和愉快沟通的前提。

（5）学会为自己争取合理的利益

工作最根本的目的是为了获得物质利益，在允许的范围内获得自己的利益是合乎情理的，切记不能见利就钻，唯利是图。

4.3.6 同事相处的礼仪

1）真诚合作

同事关系是以工作为纽带，是一种互帮互助的关系。俗话说："一个好汉三个帮。"只有真诚合作才能共同进步，处理好同事之间的关系，最重要的是尊重对方。

2）同甘共苦

同事的困难通常首先会选择亲朋帮助，但作为同事应主动问讯。对力所能及的事应尽力帮忙，这样才会增进彼此的感情，使关系更加融洽。

3）公平竞争

同事之间竞争是正常的，有助于同事成长。但是，切记要公平竞争，不能在背后耍心眼，不能做损人不利己的事情。

4）宽以待人

同事之间经常相处，一时的失误在所难免。如果出现失误，应主动向对方道歉征得对方的谅解。对双方的误会应主动向对方说明，不可小肚鸡肠，耿耿于怀。

【小贴士】

初入职场 8 到

眼到：眼中有活，眼看玄机。
耳到：善于倾听，听中有悟。
手到：动手做事，磨炼技艺。
脚到：快人一步，勤敏利索。
嘴到：能说会道，关系融洽。
身到：扑身干活，感动人心。
意到：心领意合，现稳可信。
心到：恒心坚持，成功在望。

任务4　会展布置

【案例导入】

案例1：华夏企业协会将举办“华夏公司融资操作座谈会”，此次会议将邀请国内一批顶尖的经济学家、管理学家到场。秘书邓林负责发请柬。接到请柬的专家们，提前来到开会地点。一看会点布置不像是开座谈会的样子，经询问有关负责人才知道，座谈会改换地点了。到会的专家们感到莫名其妙，个个都很生气，改地点了为什么不重新通知？一气之下都走了。事后，华夏企业协会的领导才解释说，因秘书邓林工作粗心，在发请柬前没有及时与会点负责人联系，一厢情愿地认为不会有问题，便把会议地点、时间写在请柬上，等开会的前一天下午去联系，才知得会点早已租给别的单位用了，只好临时改换会议地点。但由于邀请单位和人员较多，来不及一一通知，结果造成了上述失误。尽管领导登门道歉，但造成的不良影响也难以消除。

案例2：在A城市，有一家名叫顺达的大型集团公司，迎来了一批参观访问者，这些参观访问人员是一批海外华人，他们此行是来了解情况，作投资准备的。为此，公司作好了一切准备，提前派出人员，从本市各地挑选了一批漂亮、年轻的女性接待人员，并为她们量身订做了整齐划一的职业装，以显示公司的实力。可是他们却忽略了语言的培训，这些接待人员操着不同的方言和来访人员交谈。

【任务分析】

在上述两个案例中，告诉我们在会议准备时应注意什么问题呢？案例2中竟然没有一家公司看好和信任该公司，请问是为什么？

随着世界经济的复苏和迅猛增长，尤其是全球化浪潮的推动，国际性社会活动日益增多，各类会议的规模不断扩大，频率不断加快，逐渐形成庞大的会议市场。酒店的会展接待活动越来越频繁，因此，需要了解更多的会展礼仪服务的工作内容。

会展是会议、展览、大型活动等集体性活动的简称。礼仪是会展服务的基础和内容，会展服务礼仪是礼仪在服务过程中的具体运用，是体现会展服务的具体过程和手段。成功举办会展活动，必须建立在充分准备的基础上。

4.4.1　迎接礼仪

1）迎接前的礼仪要求

（1）提前了解接待对象的情况

对于前来访问、洽谈业务的本地或外地客人，参展商应提前安排工作人员前往车站、码头做好迎送工作，迎接客人要提前到达，绝不能迟到，充分的准备工作会让宾客产生舒适感和宾至如归之感。

（2）确定迎接规格

首先，应了解对方到达的车次、航班，安排与客人身份、职务相当的人员前去迎接，如果特殊原因，身份相应的主人不能前往，前去迎接的人也应主动向客人说明情况，礼貌地作出解释。

（3）塑造迎接人员形象

工作人员应注意自己个人仪容和服饰要干净整洁，以示对客人的尊重。

（4）安排住宿及车辆

在客人到达前，提前为客人准备好交通工具和住宿，安排工作人员协助客人办理入住手续，将客人送到住地后，将下次联系的时间、地点、方式告知客人，不要长时间跟客人交谈，应让客人稍作休息。

2）迎接时的礼仪要求

（1）按时迎接

必须准确掌握来宾乘坐的飞机（火车、轮船）抵离时间，及早通知全体迎送人员和有关单位，如有变化，应及时通知。

（2）迎接仪式

首先问候客人并表示热烈欢迎，向客人作自我介绍，如有名片，亦可送予对方。应安排专人迎送、陪同与会人员，尽可能满足其一切正当要求。对一些重大国际会议的领导人物，必要时可安排欢迎队伍，并安排人员献花，由工作人员协助办理各种手续，专车接送（图4.13和图4.14）。

（3）热情接待

对与会人员，不管来自何方，无论身份职务高低，无论资历深浅，都应一视同仁，以礼相待。

3）迎接后要求

（1）耐心引导

引导服务是会议服务人员在会议期间为与会者指引会场、座位及与会者问询的路线、方向、具体位交通条件等服务。工作人员在引领时需准确无误。

图4.13

图4.14

（2）周到服务

按照要求规范地站在自己的位置上，主动照顾年老体弱者，及时打开疏散通道，保证会场井然有序。

（3）善于交流

与人交流时，学会倾听，无论是正式发言还是自由发言，都应专注有礼，积极反馈，察言观色。

4.4.2 司仪礼仪

会展司仪是会展各种仪式、活动的主持人，从事会展仪式活动方案策划、程序推进、气氛调节和关系沟通等工作，是协助仪式现场活动控制，也是串联整个会展仪式活动进程的灵魂人物（图4.15）。

图4.15　图片来源：百度文库

1）会议司仪要求

①着装整洁，庄重大方。

②步态自然稳健，面带微笑。

③站立主持：双腿并拢，腰背挺直。

④坐姿主持：身体挺直，双臂前伸，两手请按桌沿。

⑤口齿清楚，思维敏捷，语言简明流畅。

⑥根据会议性质，调节会议气氛。

⑦熟悉活动流程及嘉宾的名字及头衔。

⑧对会场上的熟人不能打招呼，会议前或休息时间可点头、微笑示意。

2）仪式前要求

①明确过程中的礼仪要求。

②熟悉会展仪式活动的顺序。

③承担仪式活动细节的筹办。

④参与活动方案的构思和撰写。

⑤了解仪式目的及要求 。

3）仪式中要求

①做好准备工作。

②注意准时、适时宣布仪式开始。

③介绍来宾，介绍贵宾。

④介绍活动仪式流程。

⑤按程序进行各项仪式或邀请嘉宾进行发言。

4.4.3 展位接待人员礼仪

1）洒扫门庭

要提前做好准备工作，整理好展位、物品，做到展位整洁卫生，接待人员仪容整洁，仪态自然大方，服饰与展出主题相符（图4.16）。

图4.16 图片来源：百度图库

2）宾至如归

主动迎接到访的客人，主动介绍展品，介绍时掌握分寸，重点介绍客人感兴趣的展品。与客人谈话时，要心平气和，客人接打电话时要注意回避。

3）熟悉展品

认识并熟悉每一种展品，当客人需要了解时，能够简明扼要地向客人介绍展品的功能、作用。

4）善于交流

能够把握客人的兴趣爱好，根据客人的兴趣爱好进行沟通交流，重点交流客人感兴趣的话题及展品。

5）倾听与解说

能够认真倾听客人的需求，根据客人需求进行解说，解说时不要偏题。

6）观察入微

会展人员要学会在与客人短时间的交流中正确了解对方的职业、身份、兴趣、爱好，有针对性地为客人提供服务，做到投其所好。

7）礼貌欢送

热情地欢送客人，邀请客人再次光临。

4.4.4　会展服务工作要求

1）会前准备

（1）场地选择

应结合会议要求和单位的实际情况来决定，本单位的礼堂、会议厅、内部或门前的广场以及外借大厅等，会场布置应协调、有序、恰当。

（2）会议筹备

围绕会议主题，确定会议形式、规模、时间、议程，成立专门小组，明确分工，责任到人。按照领导议定的要求进行会场布置及其他相关物品的准备。

（3）会议证件的制作

确定与会人员名单，证件的会议名称要完整、规范，证件上要印制参会者的姓名、性别、照片，证件上要注明证件名称、号码。会议证件要由专人保管、发放，专人专用，不得转借他人。

（4）邀请函的发放

邀请函是会议的主办单位发给所有与会单位的书面文件，应包括会议标题、主题、会期、出席对象、报到时间、报到地点、会议要求相关信息，邀请函要提前送达，不能延误。

2）会中接待

①会议服务人员在与会人员入场前，以亲切的微笑、饱满的姿态在门口站立迎候，并说“早上（上午、下午、晚上）好”或“欢迎光临”等文明用语。

②对已入座的宾客，及时做好茶水服务。服务中，动作要轻盈，不要挡住参会者的视线。

③服务员要站在会场的后面或侧面注意观察全场并及时提供服务，如果宾客表示会议期间不用服务时，服务员要在会场外面值班，以备客人需要。会议场内15分钟应巡视一遍。

④会议中原则上每15~20分钟添加茶水一次，烟缸内不得超过3个烟蒂，特殊情况按客人要求服务。

⑤根据会议要求，进行灯光调节，确保灯光达到会议要求。根据会议需要，主动提供话筒传递服务。

⑥会议过程中，服务员要精神集中，注意观察参会人员有无服务要求，要保证会场安

静，注意室内温度，合理调节空调。

⑦会议中间休息，要尽快整理会场，添补和更换各种用品。

3）会后服务

①会议结束时，服务人员应及时打开通道门，站立门口，礼貌送客，向宾客微笑点头，同时向宾客说："请慢走""再见"。会后及时做好会场清理工作。若发现客人遗留物品迅速与有关单位联系或上交。

②严格做好保密工作，不询问、议论、外传会议内容和领导讲话内容。

③清洁会议室，关闭会议室：包括空调、灯光、门。

4.4.5 会议场所布置要求

1）会场大小适中

过大显得松散，过小又显得小气。现在有一种活动挡板，可以根据需要，将一个大的会议室隔断为若干个小的会议室，人多则大，人少则小，方便灵活，可收到一室多用之效。

2）会场地点适中

会场要尽量离与会同志的住所近一点，以免奔波之劳累。会场附属设施齐全。会场的附属设施包括照明、通风、卫生、服务、电话、扩音、录音等设施。高级机关召开的会议，还应包括有汽车停车场。

3）会场形式多样化

会场形式可以布置得多种多样，不同的形式取决于会场的大小、形状、会议的需要、与会人数的多少等，还要符合美学原理和与会同志的审美观。一般来说，有以下几种布置方式：

（1）礼堂式（剧院式）

面向主席台前方依次摆放一排座椅，中间留有较宽的过道。适于听众较多的场合，讲话者可以站在较高的主讲台上。特点：在留有过道的情况下，最大限度地摆放座椅（图4.17）。

（2）课桌式（教室式）

房间内将桌椅安排端正摆放或成"V"形摆放，按教室式布置房间根据桌子的大小而有所不同。特点：可针对房间面积和观众人数在安排布置上有一定的灵活性（图4.18）。

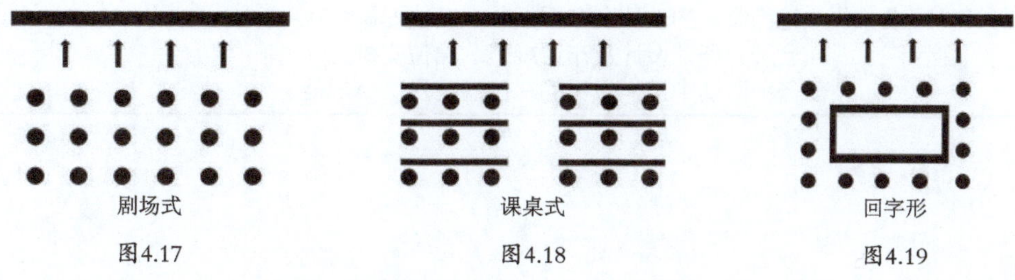

图4.17　图4.18　图4.19

（3）回字形（方形中空式）

桌子摆成方形中空，不留缺口。椅子摆在桌子外围。特点：适于中等人数的会议，同样便于交流（图4.19）。

（4）马蹄形或“U”形

将桌子连接着摆放成长方形，但空出一个短边。椅子摆在桌子外围也可以内外都摆放。特点：适于中等人数的会议，同样便于交流（图4.20）。

（5）董事会型

董事会型也称为中空型，会议桌摆成一个封闭的“口”字形状，椅子放置在“口”的外围。董事会型一般只用于小型会议（图4.21）。

（6）签约型

在长条形签字桌一侧，摆放偶数张椅子，前后预留出签约观摩区（图4.22）。

图4.20　图4.21　图4.22

任务训练　商务活动

教学目的	能对各种商务活动进行布置并熟悉各种商务活动礼仪。
先修与并修	并修
学习内容	1.会见的场地安排及礼仪规范。 2.会谈的场地安排及礼仪规范。 3.签约的场地安排及礼仪规范。 4.会展的场地安排及礼仪规范。
学习产出	1.学会会见的几种场地布置及活动安排。 2.学会会谈的几种场地布置及活动安排。 3.学会签约仪式的场地布置及活动安排。 4.学会会展仪式的场地布置及活动安排。
评价标准	1.会见的场地设计及布置规范、席位安排。 2.会谈的场地设计及布置规范、席位安排。 3.签约仪式的设计及布置规范、席位安排。 4.会展的场地设计及布置规范、席位安排。 5.各种活动中工作人员的礼仪规范及服务规范。

项目 5 酒店礼仪

酒店，是指为宾客提供住宿、餐饮、娱乐、商谈、会议和其他一系列服务的综合场所。作为一个非常讲究服务质量和礼仪形象的行业，酒店服务礼仪是酒店从业者的必备素质之一。酒店服务礼仪是酒店文化的重要表现，它贯穿于服务活动的全过程，是实现优质服务的基本保障。酒店服务礼仪以礼仪为基础，将礼仪渗透到服务过程的每一个环节中。

随着我国社会经济的迅速发展，我国酒店服务业得到了迅猛发展，服务理念和服务质量正大步追赶世界先进水平。但由于我国现代酒店业起步晚，发展时间短，与发达国家相比还存在明显差距，我国的酒店服务礼仪还有待改进和提高。

任务1　迎宾服务

【案例导入】

小贺应先为谁开拉车门?

在一个秋高气爽的日子里，迎宾员小贺穿着一身剪裁得体的新制服，第一次独立地走上了迎宾员的岗位。一辆双排五座的白色高级轿车向饭店驶来，司机熟练地将车停靠在饭店豪华大转门的雨篷下。小贺看到后排坐着两位男士，前排副驾驶座上坐着一位眉清目秀的女士。小贺上前一步，以优雅的姿态和职业性的动作，先为后排客人打开后门，做好护顶姿势，并目视着客人，礼貌亲切地问候，动作麻利而规范，一气呵成。关好车门后，小贺迅速走向前门，准备以同样的礼仪迎接那位女士下车，但那位女士满脸不悦，使小贺茫然不知所措。通常后排座为上座，一般凡有身份者皆此就座。优先为重要客人提供服务是饭店服务程序的常规!

【任务分析】

1. 小贺应先为谁开拉车门?为什么?
2. 通常情况下，双排五座轿车的上座在哪里?

酒店迎宾是带着温度的第一道酒店人文关怀，大型的酒店都需要迎宾员，站在酒店门口，有些会帮宾客开车门，开大厅的门，并报以礼貌的态度致欢迎词欢迎来宾，引导来宾入内。当宾客离开时，也会道以感谢光临的问候。酒店迎宾代表着酒店的形象，决定着酒店服务礼仪的质量（图5.1）。

图5.1　图片来源：广州金宝莱酒店

5.1.1　门厅迎宾员服务礼仪

1）着装礼仪

在岗时，门厅迎宾员的着装应符合服饰礼仪规范，干净、整洁的同时突出挺括、华丽的特点。

2）服务礼仪

（1）恭迎姿态

门厅迎宾员的服务礼仪，首先体现在恭迎姿态上，具体要求如下：

头正颈直，双目平视，上体充分挺直，标准站姿。暂无宾客时，单腿后撤半步或一脚支撑另一脚稍微弯曲或成稍息状，但上身一定要立直，这样既不觉疲惫,又不失美观。

门厅迎宾员恭迎姿态的禁忌：大门保持关闭状态，叉腰、弯腿、靠门,将手臂放在门把手上。

【小贴士】

乘车位次的礼仪要求

1. 乘坐小轿车

首先存在上下车的问题，一般情况下，让客人先上车，后下车。

具体分为3种情况：

（1）公务

接待客人是一种公务活动，车辆是单位的，司机是专职司机；上座是后排右座，即司机的对角线；副驾驶座一般是随员的座位。

（2）社交

社交应酬时，这时车辆一般归属个人，开车的是车主；车主开车，上座是副驾驶座。

（3）重要客人

接待国际领导、高级将领、重要企业家时，乘坐的顺序以职务高低安排。（图 5.2 和图 5.3）。

如何共同乘车

图5.2　主人驾车，客人应该坐在副驾驶座上（图片来源商务礼仪百科网）

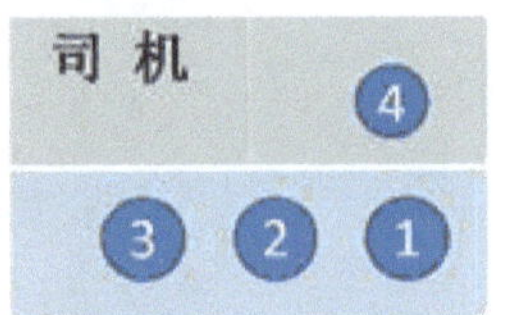

图5.3　乘出租车，客人应该坐在后排右座（图片来源商务礼仪百科网）

2. 接待团体客人

乘坐旅行车接待团体客人时，多采用旅行车接送客人。旅行车以司机座后第一排即前排为尊，后排依次为小。其座位的尊卑，依每排右侧往左侧递减（图 5.4）。

3	2		1
6	5		4
9	8		7
12	11		10
16	15	14	13

图5.4　图片来源：百度图库

（1）热情迎宾

见到宾客光临，不应以貌取人，而应一视同仁。注视来宾、微笑招呼并配上标准的手势。精力集中，以防出现意外（图 5.5）。

如果客人行李较多，迎宾员应帮助客人提拿行李，待进入大厅后，再以手势示意行李员过来并交给他。

（2）车辆到达

宾客乘车抵达时，要迅速迎上，引导车辆停稳。凡来酒店的车辆停在正门时，须趋前微笑着开启车门，迎客下车，并尽量使每位宾客听到亲切的问候声。

遇车上装有行李，立即招呼行李员为客人搬卸并予以协助，注意有无遗漏的物品。如暂时无行李员，应主动搬卸，再提携行李引导客人到总服务台办理登记手续，行李放好后，立即向客人交接及解释，迅速到行李领班处报告后返回岗位。要牢记常来本店客人的车辆号码和颜色，以便提供快捷、周到的服务。

图5.5　长春香格里拉大饭店

【小贴士】

开门服务

一般先开启右车门，左手拉车门，右手挡住车门上方，提醒客人不要碰头、注意门口台阶。如果客人属于老弱病残幼之列，应先问询，征得其同意后予以必要的扶助以示格外关心。若客人不愿意接受特殊关照，也不必过分勉强。特别地，对常客能以姓氏、职务（官衔）相称为佳。到达的客人较集中时，应不厌其烦地向宾客微笑和点头致意。

撑伞服务

逢雨天，若店门口没有雨篷或车辆没有开到雨板下，迎宾员应为客人打伞以免其被雨淋。若客人打伞前来，则应将其所带雨伞放入伞架，双手递上伞架钥匙并请其收好。如提供伞套，应先将客人的雨伞接过来，装好后再双手递还给客人。

（2）接待来访

应热情接待，耐心回答咨询或请来访者到总台询问。配合酒店安全部，注意周围的闲散人员，观察出入者的动向。如遇形迹可疑的人，应及时通知安全部及有关部门。

（3）送客离店

客人离店时，应主动问候并代客叫车，把车引导到客人容易上车的位置。待车停稳后，打开车门，请客上车，与客人确认行李件数并将行李放上车。待客人坐好，关上车门。关门时，用力要适度。当团队客人、大型会议、宴会的与会者集中离开时，尽量减少客人的等候时间。对重点客人的车辆离店要先行安排，重点照顾。

【知识拓展】

特殊情况的处理

遇到离店客人较少而等候车辆较充裕时，应按汽车到达的先后安排客人乘车，反之，则应请客人按先后次序排队乘车。下雨天，客人没带雨伞又得赶乘飞机或火车，应打电话为客人联系出租车或撑伞为客人请来车辆。车辆离开酒店时，应向出租车司机表示问候："您辛苦了！""再见！"遇个别司机不懂外语，迎宾人员应协助翻译，但切忌一知半解，不懂装懂，必要时请示经理。

特殊服务的提供

因一些客人坐出租车常将物品遗忘在车上，有的酒店推出一项特殊服务：只要客人一坐入车内，迎宾人员就递上一张写有出租车车牌号的酒店名片。这样的话，即使客人丢失了物品，也能尽快找回，同时也为酒店进行了公关宣传。

5.1.2 行李员服务礼仪

1）帮卸、助提、爱护行李

①卸下行李要及时清点件数。

②若客人坚持自提物品，则应尊重客人意愿。

2）陪同客人到总服务台办理住宿手续

应站在客人身后两三步处等候，看管好行李，并随时接受客人的吩咐。待客人办完手续、咨询完有关问题后，主动上前向客人或总台服务员取房门钥匙，护送客人去房间。若客人并不马上回房间而是要求行李员先将其行李送到房间，行李员首先须明确客人的房间号码（可与总台核对），并请客人核对行李件数，确认无误后再送。为安全起见，须同楼层服务员一起进入房间，并作好运送行李记录。

3）引领客人进房

引领途中，应走在客人左前方两三步处，随客人的步子行进。遇转弯时，应微笑示意以示尊重。在引领客人进房的整个工作流程中，须注意以下几个方面的礼仪：

（1）乘电梯时的礼仪

行李员提行李先进，尽量靠边放置，一手挡门请客人进入，按按钮并告诉客人楼层。到达指定楼层时，关照客人先出电梯，然后将行李运出。若大件行李挡住客人出路，行李员可先搬出行李，再挡门请出客人。

（2）引领客人进房时的礼仪

先放下行李，按门铃或敲门通报，里面没有回声再开门。开门后，扫视一下房间无问题，退到房门的一边，请客人进房。

（3）行李送进房间时的礼仪

应把客人的行李轻放在行李架上，且箱子的正面朝上、提手朝外，便于客人取用，也可按客人要求摆放。询问是否需要其他服务，并告知有事再找服务员，随即礼貌告别，以免给客人造成等待或要小费的印象（图5.6）。

（4）退出房间时的礼仪

应微笑说："先生（女士等），请好好休息，再见！"面对客人，后退一步，再转身退出房间，轻关房门。

4）送客人离开酒店

（1）至离店客人房间取行李时的礼仪

进房时，无论房门是关着还是开着，均要按门铃或敲门通报，听到"请进"方可进入，并说："您好，我是来取行李的，请吩咐。"双方共同清点行李件数后，即可用行李车送至大门，并负责装到车上。

（2）行李放置车内后的礼仪

不要立即转身离去，要与迎宾员一起向客人热情告别，轻关车门，面带笑容，注视车内客人，挥手告别目送离去。

图5.6　图片来源：百度图库

【小贴士】

行李寄存与登记

1. 客人来寄存物品时，应礼貌问清有无贵重、易碎物品。对易碎物品，要挂上“小心轻放”的标牌，以示对客人重视、对物品负责，若是贵重物品，则建议客人存放酒店保险箱。主动提示客人把行李上锁，未上锁则应当面用封条将行李封好。此外，团队行李要集中摆放。寄存、领取均应确保无误。未经上级同意，不能接受长期保管的物品，客人遗忘物品，应立即交上级主管处理。

2. 完成每一散客的行李入店（包括已送客房的）工作之后，应迅速走员工通道返回前厅（有推车则乘行李专梯），在散客行李入店登记表上逐项登记。团队行李应按客人分房名单收取，并在团队行李进出店登记簿上签名备查。

3. 为使存取行李快捷方便，应经常清洁和保养行李车、行李罩等设备、工具。

关于小费

行李员帮客人送行李进房，有些客人会给小费（尤其是西方客人），这时行李员接受小费时必须注意：无论数目多少都要道谢，且不当着客人点数。我国不通行小费，有些酒店甚至严格规定一律不收，行李员应按店规执行。若酒店并没有相关硬性规定而客人主动给小费，是对自己优质服务的感谢，一般可接受，但绝不能索取，这种失礼行为有损酒店形象。

任务2　总服务台接待

【案例导入】

一位常住的外国客人从饭店外面回来，当他走到服务台时，还没有等他开口，问讯员就主动微笑地把钥匙递上，并轻声称呼他的名字，这位客人大为吃惊，由于饭店对他留有印象，使他产生一种强烈的亲切感，旧地重游如回家一样。

还有一位客人在服务台高峰时进店，服务员问讯小姐突然准确地叫出：“XX 先生，服务台有您一个电话。”这位客人又惊又喜，感到自己受到了重视，受到了特殊的待遇，不禁添了一份自豪感。

一位 VIP（非常重要的客人——贵宾）随陪同人员来到前台登记，服务人员通过接机人员的暗示，得悉其身份，马上称呼客人的名字，并递上打印好的登记卡请他签字，使客人感到自己的地位不同，由于受到超凡的尊重而感到格外的开心。

【任务分析】

前台服务人员通过什么服务给客人留下良好印象？

5.2.1 前台接待礼仪

1）接待礼仪

（1）礼貌迎送

前台服务员最先接待客人入住，最后又为客人办理离店手续。客人到来，热情欢迎，客人离去，礼貌相送，应始终如一。

（2）快捷有序

前台服务繁忙多变，客人需求各有不同，能否热情、快捷地服务，影响和决定着客人在酒店下榻与停留的时间。应讲究效率，做到办事第一位，询问第二位，招呼第三位。

（3）精神集中

通常前台是站立服务，当有来客时，服务员站姿应规范，态度要和蔼，语气轻柔。工作时，要全神贯注，不要同时办理几件事，不能一边服务一边接电话，以免精神不集中出现差错。须搞清客人姓名，弄错或读错均为失礼。不能只与一位熟客谈话而怠慢了其他客人。

（4）学会观察

酒店内商家云集，名人、社会活动家、政治家都是经常光顾酒店的客人，前台服务员要学会观察，记录客人资料以备查用。

（5）一视同仁

每位客人都期待着能受到亲人般的、单独的特殊接待，对待客人应一视同仁。对重要的客人或熟客可巧妙地给予照顾，让他感到与众不同，有一种受尊敬、被重视的优越感。

（6）完成承诺

要完成对客人的一切承诺（包括处理投诉中的小问题），若办不成的事，要坦诚相告，或介绍客人到其他能解决问题的部门去试一试（图5.7）。

（7）随机应变

客人住店经常会出现一些意想不到的事情，如夜里发病、突然死亡、买不到机票等，求助于前台时，应充分运用自己的智慧进行处理，做到处变不惊，处事有方。

图5.7 图片来源：百度图库

【知识链接】

前台推销

前台推销的成本为零，全凭服务人员的推销礼仪和技巧来说服客人，达到成功推销目的。

1. 争取客源

努力争取客人再次下榻或介绍其他客人来酒店，也可推销隶属酒店，为客人办理到下一旅游地点的隶属酒店手续，既方便了客人，又控制了客源流向。

2. 巧推客房

前台推销客房是关键，而推销成功的关键是必须用令人信服的语言来表达、描述向客人提供选择的客房和下榻场所的情况：向客人提供的客房等级要符合客人的实际情况（推销高价房要因人而异，不与客人讨价还价，按酒店公布的报价来销售），客人接受推销就是前台服务员的成功。

2）预订礼仪

（1）接待预订

来酒店住宿的客人可分为预订团队、预订散客、零星散客。对于亲自来店的预订客人，酒店可事先为客人分房、定价、准备好登记表。预订员的礼仪素养有助于形成客人对酒店良好的第一印象，表现出来的热情友善、对酒店的全面了解及学识水平，会使预订客房产生良好的效果。通常情况下，都为电话预订。传递的声音应亲切友好，优美动听。

（2）报价

报价是对客人的尊重。一要说明合理税率；二要解释一些额外服务或宜人环境应增补的费用；三要核实验证酒店是否有最低限度的下榻时间规定，如果是这样是否会影响客人的时间要求；四要核实验证酒店是否有任何特殊的销售广告活动以致影响客人的下榻时间；五要解释合理的外汇兑换汇率比价。

（3）接受或拒绝预订

预订登记表填好以后，预订员就可将预订要求与预订到达那天的可供房情况进行对照，决定是否接受客人的预订。接受预订，就要加以确认，使酒店进一步明确客人的预订要求，也使酒店与客人之间达成协议。

拒绝预订，要用友好、遗憾和理解的态度对待客人。先称呼客人，再讲述因房间订满而无法安排，取得客人的谅解。客人表示理解后，下一步就可根据不同的情况建议客人做些更改，如房间的种类、日期、房数等，即使不能满足客人当初的预订要求，最终也要使客人满意，并使酒店及时租出可供客房。

（4）修改或取消预订

预订被接受或确认后，客人在抵达酒店前还可能对预订内容作许多更改，如到达或离开酒店时间、房间数、人数、住房人姓名及预订种类的变更，甚至完全取消预订都有可能发生。需要更改，要填写更改表，将有关的预订登记作相应的改动，使之保持正确。

处理取消预订须十分谨慎，如果把账错算在已取消预订的客人身上，酒店就会处于被动地位，也会使客人感到不满。

【小贴士】

避免预订容易出现的错误

1.记录错误。不正确的到达或离店日期，将客人的姓名拼错、姓名颠倒，遇这种情况应立即道歉。

2.一次性记录。从客人预订单上获取一些信息记录后，预订员应向客人重复诉说一遍。

3.忘记存档。

4.没有使用专业术语。对描述不同客房种类或服务专业术语、行话的错误理解而出现一些错误。

3）入住登记礼仪

听清宾客的入住要求后，请其填写住宿登记单，并根据客人要求和客房控制实际情况，尽量满足客人的需求为其安排好房间。如客人的要求无法得到满足，不能简单地以“不行”来回绝。应向客人致歉，再向其提供行之有效的代替建议，供客人选择参考。

【知识拓展】

1.查验证件礼仪

按照有关规定，在接待宾客住宿时，应仔细验看宾客的有关证件。当确认与填写的住宿登记单无误后，应有礼貌地迅速将证件递还给宾客并予以致谢，而不是将证件一声不吭地扔给宾客或是扔在柜台上。

2.分发钥匙礼仪

为体现对宾客的尊重，即使是向客人分发房间钥匙这样微小的动作，也不应等闲视之。在将钥匙递交给客人时，应态度热情，并伴之有称呼、有介绍、有祝愿等简单明了的礼貌服务用语，使客人体会到酒店是真诚欢迎自己来此下榻的。

4）结账礼仪

前台收银员负责客人账目的结算工作。在退房高峰期到来前，应作好充分准备，对前来总台付款的每一位中外客人，要笑脸相迎，热情问候。

（1）账单准备

酒店各部门服务人员要将各项费用及时计入客人有关的账目上。前台收银员要检查客人是否有结账前最后一刻的留言、信件或还未入账的临时费用，以保持账务完整、账目准确无误。如果客人又有其他临时费用，而账单转账到前台之前，客人已离开酒店，就属追账费用。追账会损害酒店的声誉，使客人误认为酒店管理不善，应尽量避免。

客人退房时，要温婉有礼，按酒店规定给客人办理退房手续。呈上准确的账单，请他付清全部费用。收银员对客人的账目数据、账务有责任不泄露给任何人。

（2）准确、快捷

准确快捷是记好客人账目的关键，也是确保酒店收回服务所换得的一切收入的关键。应核对住店日期，说清收款项目，开具票据要言明。若结账的客人来得较多，要礼貌示意客人排队等候，依次进行，以免因客人一拥而上而引起收银处的混乱，应尽可能简化手续，迅速结账，方便客人。

（3）核实签字

前台收银员应知晓酒店允许一些信用卡每天能支付酒店的最大限额。核实客人在费用记账传票上的签字与他本人信用卡上的签字是否一致。

【小贴士】

巧解结账方式

在客人登记入住时，须准确了解客人选择的结账方式。

现金结账：要求客人在入住时一次付齐，酒店一般不给付现金的客人赊账权。

转账结算：要确认事先已经批准的转账地址及转账安排，须谨慎对待。

信用卡结账：要确定信用卡是否在有效期内，以及信用卡的额度限制。

前台收银员一定要牢记，与客人谈到他的支票、信用卡等涉及金钱的问题时，一定要精心、耐心。因客人的自我价值、自尊心都与金钱有关，被视为极端重要。应保持冷静，态度柔和地服务于客人。每次结账完毕，应向客人道谢。

假若在客人的房价、账单或是其他方面出差错，要在客人离店以前审核清楚，并让客人满意付款离开酒店。如果在账单方面出现极大分歧，领班或主管就要进行调查核实或者向客人解释酒店方面的情况。

5）存档礼仪

（1）记录存档

询问客人在酒店下榻期间的生活是否满意，酒店服务在哪些方面需要改进，感谢他们来酒店下榻。

（2）建立客史档案

酒店前台可建立客史档案，记录客人的一些情况，特别是熟客，可为宾客提供个性化服务，这样可以争取更多的客人反复光临酒店。客史档案属酒店保密记录，为保证客人的隐私不受侵犯，汇集在表格上的资料绝不能泄露给外人。

5.2.2 问询服务礼仪

1）问询服务礼仪

（1）站立服务，热情问候

为体现酒店“宾客至上，便利客人”的宗旨，问询员应站立服务，精神集中，随时接受客人的询问。客人前来询问，应主动招呼，热情问候，使客人感到你是乐于助人的。也有部分高级饭店采取总台坐式服务，其仪表着装要求与站式服务相同（图5.8）。

（2）仔细倾听，注意表情

接受询问时，应专心倾听以示诚意。对有急事而词不达意的客人，应稳定其情绪后再

图5.8　图片来源：大众点评网

问。对长话慢讲和语言难懂的客人，要耐心听清后再回答。多人同时询问，应细致周到，逐一和所有的客人打招呼，按顺序解答客人的问题，做到忙而不乱，有条有理，即办理第一位，询问第二位，招呼第三位。亦可应先问先答，急问快答，注意客情，避免怠慢，使他们都能得到适当的接待和满意的答复。

（3）认真解答，用语规范

问询员须对酒店形象负责，答复宾客的询问时应做到文明礼貌，及时应答，用词得当，简明扼要。应不厌其烦地耐心作答，能答则随问随答，对一时无法回答或暂不清楚的问题，待查询或请教别人后，给出明确答复，经努力还无法回答时，应致歉。

（4）信息积累，贴心服务

问询员的工作职责是：当好客人的参谋，必须储备大量、准确的业务信息，为客人提供关于酒店设施及服务项目、营业时间等准确信息，并努力推销酒店。应建立信息库，避免对客人的问题答不上来的尴尬与失礼，使解答详细准确、介绍富有感染力。此外，尽职尽责为宾客服务，做宾客的贴心人，应体现在细微之处。还必须及时更新住客资料。对离店客人的信件，要及时按其留下的新地址批转或退回原地。

交班时还未落实的事，要与接班人员交代清楚，不能遗忘疏忽。

2）委托代办服务礼仪

对客人要求预约出租车外出等事宜，应随时作好书面记录，并告知车队。兼票务工作的，要细致、周到地按客人要求办理飞机、车、船票。如果有困难或情况变化，要及时征求客人意见，耐心解释并求得客人谅解，切不可自作主张，违背客人意愿。代客修理物品，不要怕麻烦，急客人之所急。

【小贴士】

问询员工作环境的礼仪规范

问讯员的办公桌上陈放着电脑、电话、灯具及各类表格，物品繁多，须讲究工作环境，做到整洁，无浮尘，无脏迹，装饰点缀的盆景应保持花朵鲜艳。

5.2.3 商务、总机服务礼仪

1）商务服务礼仪规范

商务中心是指酒店内为客人特别是商务客人提供打字、传真、复印、翻译等专项服务的部门。作为商务中心的服务员，必须服饰整齐，仪态大方，精神饱满，坚守岗位，恭候客人光临。以下介绍其主要的服务礼仪规范：

①客人到，微笑问候："女士（先生）您好！""女士（先生），您有什么事要我帮忙吗？"或"女士（先生），您需要提供什么服务？"

②按客人要求，提供高效、准确、优质的传真、打字、快递、翻译等服务项目。同时，接待数位客户时，按先后顺序依次受理。做到急件快递，立等可取，热情周到。

③本着"宾客至上，信誉第一"的宗旨，对客户高度负责，尊重客人意愿，不外泄文件内容。不利于工作之便以权谋私，不套汇、换汇、维护人格国格。

④客户若对服务不满，应作耐心解释，不得与其争辩。

2）总机服务礼仪

（1）准备充分

应将电话簿、常用电话号码、日历、笔和记录本（酒店各种图表、数据）全部放到便于拿、找的位置，以便快捷服务。

（2）传递带笑意的声音

有人称话务员是"微笑大使"，即传递带笑意的声音，让宾客感觉亲切，为酒店塑造形象。

（3）快速接听

所有来电，话务员务必在三响之内按"问好、报单位、问候"的顺序礼貌接听，认真聆听并作好记录，重点内容要复述确认，根据具体问题做相应处理。

（4）及时转告

接转电话要精力集中，迅速准确，不误传客人的电话留言。

宾客托挂的长途电话，在其通话后，应准确记录通话的房号、姓名和时间，记账留存，做到不漏不错。

【小贴士】

严守客人秘密

答复客人查找事项，要在不违反保密规定的前提下，话务员一般不向来电方提供客人姓名、房间号码及有关情况，保证客人的隐私生活和静居环境不受侵犯。酒店大多使用内线电话，接转中不得监听。因操作原因偶尔听到，要遵守制度，不得外传，更不能以此和客人开玩笑。

（5）叫醒服务

接受宾客请求后，话务员要立即作好记录，核对房间号码和叫醒的确切时间，并登记在《客人唤醒时间表》上，便于交接班时值班同事不致误事。叫醒时，应准确操作自动叫醒机或电话叫醒。如果无人接听，则应间隔3分钟再打一次，3次仍无人接听，应通知值班服务员去敲门叫醒，以免误了宾客的行程安排。

任务3　客房服务

【案例导入】

一瓶护发液

一天晚上，一位三十岁开外、服饰考究的香港女客人，面带怒色地找到酒店大堂余副理，投诉说："先生，我刚才回房发现自己放在卫生间里的一瓶护发液不见了，肯定是让服务员给扔掉了！"余副理马上说道："对不起女士，给您添麻烦了。那么您是否可以使用本酒店提供的洗发液？""不行啊，我多年来一直使用那种法国的名牌护发液，所以外出旅行也带上它，其他洗发液我不习惯使用。"余副理见出现了僵局，觉得应该先到现场调查一下再说，于是他对客人说："女士，您可以带我到房间去看看情况吗？""好吧。"客人答应道。

余副理跟着那位香港女客走进她客房的卫生间，见洗漱台上整齐地摆放着客人的日常用品和化妆盒，只是没有护发液。余副理马上把当班服务员小李叫来，问她是否见到客人的一瓶护发液。小李承认是她处理掉的，因为她从半透明的瓶子看到瓶底只剩一点护发液，估计客人没什么用了。客人表示，恰恰这最后一点护发液是她留着最后一晚用的，明天她就乘飞机回香港了。

到这里，事情的真相已完全搞清楚了。为了打消客人的怨气，使客人满意，余副理当即表示："这件事确是我们酒店的过错。给您带来麻烦，实在抱歉。女士，看来这种外国护发液在本地没有卖的，是否可以这样办，我们照价赔偿，今天晚上您就使用本酒店的洗发液吧。其实，本酒店的洗发液质量也是不错的，您试用后或许会喜欢的。"客人见余副理赔礼道歉，态度诚恳，气也消了，又想到并没有受到太大经济损失，只是生活习惯受到一点影响，让酒店赔偿未免过分，便对余副理说："先生，您这么说，我就不好意思了，赔偿就不必啦。只是委屈您了！"余副理歉意地说："没关系。"客人最后对酒店的过失完全原谅了。

【任务分析】

1. 客房服务礼仪有哪些?

2. 怎么处理客房投诉?

客房服务礼仪主要包括：迎客服务礼仪、日常服务礼仪和送客服务礼仪。

5.3.1 迎客服务礼仪

1）迎客准备

必须先了解将要到来客人的到店时间、性别、年龄、宗教信仰等，以便制订接待计划，安排接待服务工作。

根据了解的情况，按接待规格对房间进行布置整理。如调整家具设备，铺好床，备好热水、茶叶等生活用品和卫生用品。若是重要客人，还要准备鲜花和水果，表示欢迎。

房间布置好之后，要对房内的家具、电器、卫生设备进行检查。如有损坏，应及时报修。如果是晚上到达，要调好室温，拉上窗帘，开亮房灯，做好夜床（图5.9）。

【小贴士】

在曼谷东方饭店的水果盘里有一张“水果卡”，说明水果的来源、口味和生长环境等，让客人吃了甜在心里，还增长见识，体现了饭店的与众不同和精细服务。如果客人在风俗习惯或宗教信仰方面有特殊要求，凡属合理的要求，均应予以满足。对客人宗教信仰方面忌讳的用品，要从房间撤出来，以示尊重。

2）热情迎宾

客房服务员见到客人时，应面带微笑，热情招呼，并致词欢迎。逢节假日迎宾时，还应对每一位客人特别给予节日的问候。对于老弱病残等宾客，应主动给予必要的关心和帮助。

图5.9

5.3.2 日常服务礼仪

1）介绍情况

对于初次到酒店住宿的客人，应简要地介绍房间设备的使用方法、注意事项，还可介绍酒店的服务设施。在问清客人暂时没有其他需求后，不要借故逗留，应及时退出房间，以免影响客人休息。

2）端茶送水

客人进入房间后，服务人员应及时送上茶水（或根据时令和客人习惯送上其他饮料）和香巾，同时自我介绍，形成“客到、微笑到、茶到、香巾到、敬语到”的入门系列配套服务。

3）整理房间

按照客人的接待规格、要求和酒店“住房清扫程序”进行整理。

【小贴士】

一般整理房间的程序

要按照程序执行清扫，拉开窗帘、倒垃圾、换烟灰缸、换布巾、扫地板、擦家具和各种物品。补充房间的茶叶、文具用品和清扫、整理卫生间并补齐卫生用品。客人午间休息起床后，进行小整理，倒垃圾、换烟灰缸、整理床上卧具、撤换卫生间用过的毛巾。晚上利用客人到餐厅就餐的时间，到房间做好夜床并再进行一次小整理。

4）敲门

服务员有事需进入客房时，进房前应先敲门并予以通报。当听到客人肯定的答复或确信房间内无人后方可进入。进入房间后，无论客人是否在房间，都不应将门关严，而应将门半掩。

【小贴士】

正确的敲门方法

以手食指、中指关节，力度适中，缓慢而有节奏地敲门，每次一般为三下，一般为两次。如果是按门铃，应在三下之间稍稍停顿，不可按住门铃不放。

5）安全检查

酒店首先应对客人的生命财产负责，确保客人的安全是客房部的一项极其重要的职责。如果因措施不力或工作疏忽，使客人的人身或财物受到损害，不仅酒店在经济上要受到损失，更严重的是酒店的声誉也会受到影响。因此，必须在每个服务环节上有安全措施。

6）委托代办和其他服务

要认真、细致、及时、准确地为客人办好委托代办的事项，如洗衣、房间用餐、访客接待和其他委托代办的事情。

7）自我介绍

进房后，要为客人脱大衣、挂好。将客人行李放在行李架上，然后向客人作自我介绍，最后先退两步，再转身走出房间，关好房门。

8）遇客问好

在房间内或在楼层与客人相遇时，应主动用规范敬语问候或打招呼。在可能的情况下，如果能叫出客人的名字并给予问候，会使客人感到亲切。

9）与客方便

客房是客人外出时的家，要使客人感到处处方便、舒适、清洁、安静，不要在楼层大声喧哗、追逐、打闹。搬运物品要轻拿轻放，保持肃静。

10）不得随便扔客人的东西

整理客人住的房间时，切不可随意扔掉客人的书报杂志，即使是花束、纸条等，未经客人允许，不得随便扔掉。因清扫需移动，也得原物归原处，小心轻放，不要有损，万一损失，就要勇于承认，立即通知领班，避免引起客人更大的不满。在服务过程中，不得在客房内使用电话或接听客人的电话。

11）不要随便打开客房门

在没有问明和证实他是该房间的下榻客人以前，不要将客房钥匙随便交给他人。在客人出示证件，并与客人查询簿或查询架上的登记内容核对以后，方能决定是否应该给客人客房钥匙。

12）洗衣服务

首先要看清客人是否填好洗衣单，特别是房号有无填写好，以免送错房间，导致客人投诉。另外，要注意有无客人签名，以免洗完后客人不认账。

13）沿墙边地带行走

服务员在楼层应沿墙边地带行走。如果在过道中与客人相遇，应主动让道。不得与客人抢行。若手持重物或推车需要客人让道时，应有礼貌地打招呼并向客人致歉。

14）请客签字要有礼

如遇到客人需要签字时，要把签字单放到小托盘上，双手递过去，客人签毕要表示感谢。

15）保持安静

由于打扫房间时需要开门进行，因此要注意“三轻”，即走路轻、说话轻、操作轻。在推车走动和开、关门时的动作应尽量轻一些。

【小贴士】

随时注意客人的情绪

对醉酒的客人要特别照顾，患病客人超过起床时间尚无动静者，必须提高警惕，防止意外。发现客人中有从事不法活动或房内有争吵声等不正常情况，应立即报告主管。

注意保守客人的秘密

不将客人的个人情况告诉无关人员。不要将客人不认识的人或来访者带入客人的房间。晚上应注意客房的住宿人数，必须坚持夜间清房制度。

5.3.3 送客服务礼仪

1）做好客人走前的准备工作

要了解客人离店的日期、时间，所乘交通工具的车次、班次、航次，所有委托代办的项目是否已办妥，账款是否已结清，有无错漏。

2）热情送别

检查客人有无物品遗留在房间。

3）客人离开后做好检查工作

客人离开后，要迅速进入房间，检查有无客人遗忘的物品。

4）处理投诉时的礼仪

由于客房设施原因或是服务人员在工作中的失误或服务态度不好招致投诉，应正确处理，以礼相待，并且引以为戒，在客房住客分析原因之后，力求改进。

客房服务人员在接到投诉后，要及时上报，作出反应，采取措施，不能将其束之高阁，置之不理，而应根据具体情况分别处理。不要怀有侥幸心理，能拖就拖。否则，简单的事情可能就会变得复杂化。

任务4　餐厅服务

【案例导入】

一名优秀的领位员

马特是某饭店西餐厅的领位员。西餐厅最近比较繁忙。这天午饭期间，马特刚带几位客人入座回来，就见一位先生走了进来。

“中午好，先生。请问您贵姓？”马特微笑着问道。

“你好，小姐。你不必知道我的名字，我就住在你们饭店。”这位先生漫不经心地回答。

“欢迎您光顾这里。不知您愿意坐在吸烟区还是非吸烟区？”马特礼貌地问道。

“我不吸烟。不知你们这里的头盘和大盆菜有些什么？”先生问道。

“我们的头盘有一些沙律、肉碟、熏鱼等，大盆菜有猪排、牛扒、鸡、鸭、海鲜等。您要感兴趣可以坐下看看菜单。您现在是否准备入座了？如果准备好了，请跟我去找一个餐位。”马特说道。

这位先生看着马特的倩影和整洁、漂亮的衣饰，欣然同意，跟随她走向餐桌。

“不，不，我不想坐在这里。我想坐在靠窗的座位，这样可以欣赏街景。”先生指着窗口的座位对马特说。

“请您先在这里坐一下。等窗口有空位了我再请您过去，好吗？”马特征求他的意见。在征得这位先生的同意后，马特又问他要不要些开胃菜。这位先生点头表示赞同。马特对一位服务员交代了几句，便离开了这里。

当马特再次出现在先生面前告诉他窗口有空位时，先生正与同桌的一位年轻女士聊得热火朝天，并示意不换座位，要赶紧点菜。马特微笑着走开了。

【任务分析】

迎宾和领位中的礼貌服务表现在哪些方面？

5.4.1 中餐服务礼仪

1）中餐的座次、桌次安排

排座次，是整个中国饮食礼仪中最重要的一部分。从古到今，因为桌具的演进，座位的排法也相应变化。总的来讲，座次是“尚左尊东”“面朝大门为尊”。家宴首席为辈分最高的长者，末席为最低者。巡酒时自首席按顺序敬。若是圆桌，则正对大门的为主客，左手边依次为2，4，6……右手边依次为3，5，7直至汇合（图5.10）。

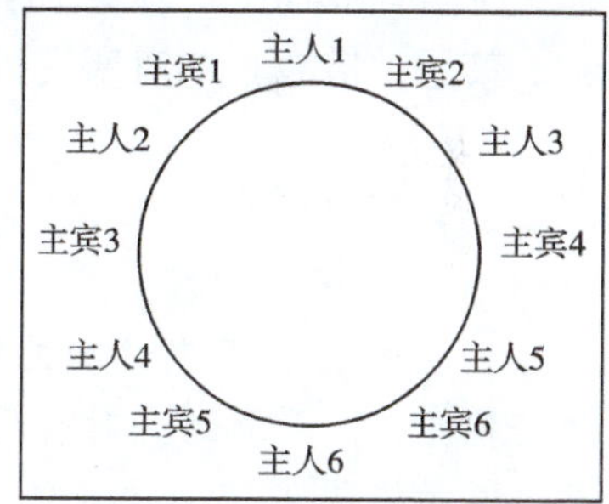

图5.10　图片来源：百度图库

①若为八仙桌，如果有正对大门的座位，则正对大门一侧的右位为主客。如果不正对大门，则面东的一侧右席为首席。然后首席的左手边坐为2，4，6，8，右手边为3，5，7（图5.11）。

②如果为多桌宴，桌与桌间的排列讲究首席居前居中，左边依次2，4，6席，右边为3，5，7席，根据主客身份、地位，亲疏来坐（图5.12）。

③现代较为流行的中餐宴饮礼仪是在继承传统与参考国外礼仪的基础上发展而来的。其座次借鉴西方宴会以右为上的法则，第一主宾就座于主人右侧，第二主宾在主人左侧或第一主宾右侧，变通处理。

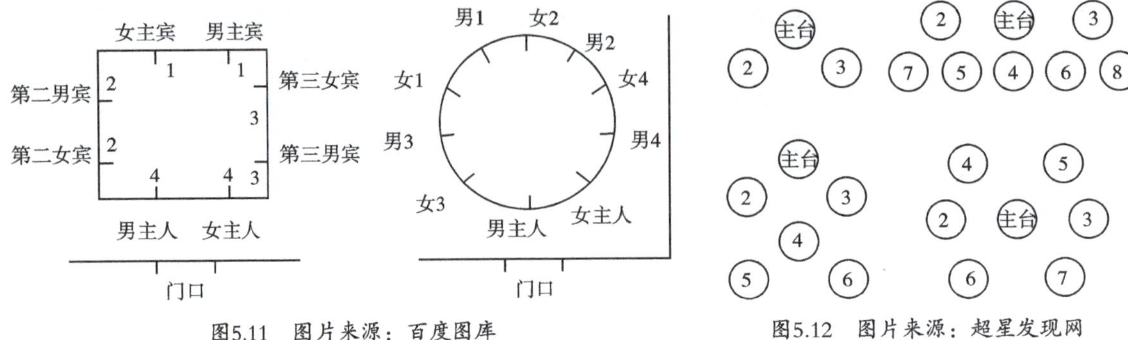

图5.11 图片来源：百度图库　　图5.12 图片来源：超星发现网

2）领位员服务礼仪

领位员的职责是将客人从餐厅门口带至满意的座位后，由值台服务员提供后续服务，并协助值台服务员请客人入座，然后返回工作岗位。下面依次介绍领位员的迎送服务礼仪、安排就餐座位服务礼仪和呈递菜单服务礼仪。

（1）迎送服务礼仪

领位员站在餐厅门口的两侧或便于环视四周、视野开阔的位置迎候客人。看到客人则面带微笑拉门迎客，行礼问候，招呼客人，并引领客人入座就餐。

送别客人时，应面带微笑，站姿端正，向客人致谢、告别，真诚欢迎客人再次光临。

（2）安排就餐座位服务礼仪

按引领礼仪，右手拿菜单，左手为客人指引方向，领位员应走在客人左前方，将客人引到餐桌边。根据就餐人数及客人到来的先后次序，按顺序招待客人入座。带领客人入座时，应当一步到位，避免不断更换座位（客人要求除外）。

禁忌：借故拒绝对所安排座位不满客人调换的要求。

【知识拓展】

领位员应掌握以下安排座位技巧

1. 主动搀扶年老体弱的宾客，尽可能将其安排在路线短、出入方便的地方就座，并帮助其就座，体现周到。对有明显生理残缺的客人，要安排在能遮掩其生理缺陷的适当位置就座，以示体贴。

2. 重要宾客光临，引领到餐厅内安静优雅的地方就座，或餐厅最好的靠窗位置，以示尊重。

3. 全家或众多亲朋好友来聚餐时，引领到餐厅靠里的一侧，既有利于其安心用餐，（喧闹声、孩子的欢笑声）又不影响其他客人用餐。对带小孩的客人，将其安排在孩子声音影响不到其他客人的地方比较合适。

4. 几位男士一起就餐，应引领到最近的边角位置，以方便交谈。单独来用餐的客人，可引领到靠窗的位置。

5. 宾客较多，需要和有客人的桌子并桌时，一定要征求就餐客人的同意。

6. 宾客要求到指定位置时，要尽量满足其要求。若其他宾客已占用，应向宾客道歉，并礼貌说明。

7. 靠近厨房出入口处的位置是最不受客人欢迎的位置。宾客多时，应向被安排在此用餐的宾客致歉，以示关心和热情。

8. 客满时，要如实告诉宾客需等候的时间，将愿意等候的宾客引领到餐厅休息处等候，一有座位，马上引领入席并致歉。

9. 男女宾客同时到达，应先问候女宾，再问候男宾，让女宾先行先坐。

10. 忌用“单间”一词，用“雅座”代替。因为“单间”在医院指危重病房，在监狱是关押要犯、重犯的房间。

（3）呈递菜单服务礼仪

领位员应选择合理的站位，目视客人，用双手呈递菜单。呈递时，应将菜单的正面朝上，将手自然伸出，目视客人递出。

禁忌：酒单、菜单数量不够，破损或有污迹。一只手拿菜单，直接将菜单放在桌上或客人手里。

【小贴士】

客人在餐馆就座注意事项

一般来说，餐厅里是配备有服务员引领顾客入座的，顾客应尊重服务员的指引，跟随前往。如果没有服务员的引领，则可自己寻找空位入座。若餐桌上已有先到的顾客，应先礼貌地问一声：“请问，这里可以坐吗？”得到肯定的答复后才可入座。

餐馆是公共场所，要随时注意不要影响别人就餐。在抽出座椅时，动作要轻巧，不要弄出声响。还要注意在自己的座位和领桌的座位间留出通道，以免影响服务员出入。

如果陪同亲友前往，在入座时，应示意请长辈先坐，女士先坐，客人先坐，待别人坐定后，自己方可入座。

在招呼服务员时，应用眼色或举手示意，切忌高声大叫，要注意礼貌。

用餐过程中，如果有客人想和自己同桌，应表示欢迎。

3）值台员服务礼仪

值台员负责值台区域的一切就餐服务。下面分别介绍各服务环境中应遵循的礼仪规范。

（1）拉座服务礼仪

宾客走近餐桌时，应以轻捷的动作，用双手拉开座椅，招呼宾客就座。招呼宾客就座时，待宾客屈腿入座时，轻轻推上座椅，推椅动作要适度。顺序是先主宾后主人，先女宾后男宾。

禁忌：不稳不准。

（2）铺口布服务礼仪

铺口布时，应站在客人右侧，从水杯或餐盘中轻轻拿起口布，将对角打开，右手在先，左手在后，将口布轻轻铺在客人腿上或压在餐盘下。按照先宾后主、女士优先的原则提供服务。

禁忌：铺口布时，将胳膊肘送到客人胸前。

（3）斟茶服务礼仪

茶水斟七八分满即可，茶水的热度应当适宜，第一次斟茶完毕，应将茶壶放在餐桌上。服务员巡台时可为客人续斟茶水。

禁忌：倒茶时，壶嘴不可触及杯缘或将水倒在餐桌上。放置茶壶时，壶嘴不能朝向客人。为客人服务时，手不能触及杯口。

（4）点菜、介绍菜品服务礼仪

宾客示意点菜后，紧步上前，有针对性地向宾客推荐菜肴。点菜完毕，应当重复客人所点菜品的名称，并询问客人有无忌口的菜品以及对菜品的烹饪要求。

禁忌：强行兜售；用手指头或手中的笔指点菜品；书写食品订单时，将订单放在客人餐桌上。

（5）小毛巾服务礼仪

将折好的小毛巾放入毛巾箱内蒸热消毒，然后用夹子夹出。按服务顺序从客人右侧按顺时针方向绕餐桌摆放。及时撤下客人已用过的冷毛巾。

禁忌：毛巾太烫或过凉。

（6）上菜、摆菜服务礼仪

应事先了解宾客用餐的菜单，合理确定上菜顺序。上菜时，应使用托盘，做到动作到位、快慢适当，报菜名，必要时向客人介绍菜品特色。上整只鸡、鸭，整条鱼时，鸡、鸭、鱼头应朝向主人或主宾。

禁忌：从主人和主宾之间上菜；端送盘、碟、碗时，手指触及食物。

（7）斟酒服务礼仪

酒杯酒具清洁、完好。需要示酒的按规范示酒，当客人面打开酒瓶。征得客人同意后，按礼仪次序依次斟倒。斟酒完毕，将瓶口抬起并顺时针旋转45° 后收瓶。

禁忌：将酒液滴洒在桌上或客人腿上；斟酒时瓶口碰到杯口；没有征得客人同意，不断添加酒水和饮料。

（8）更换骨碟服务礼仪

以不打扰客人为原则，及时更换骨碟。左手托托盘，站在客人身后约30厘米处，礼貌地询问客人，得到客人允许后，方可更换骨碟。拿取干净骨碟时，服务员的手指指肚只能触及碟子的边缘部位。

禁忌：撤换宾客没有用完菜的骨碟；拿取干净骨碟时，服务员的手指伸到碟子里。

（9）撤盘服务礼仪

撤盘是在客人进餐中或就餐完毕后所做的工作。菜点道数少时，一般等就餐结束后再撤盘；菜点道数多时，可分次撤盘。

应以不打扰客人就餐为原则，选择适当的时机撤盘，应先撤后上。

禁忌：没征得客人的同意就撤盘；将汤汁洒在客人身上；餐盘碰撞造成餐具损坏，或发出较大声响。

（10）结账服务礼仪

客人示意结账，应尽快将结算好的账单放在账单夹中，确保账单正确无误。右手持账夹右上端，左手轻托账夹下端，走到主人右侧，打开账单夹，递给主人。客人付账时，服务员应当与客人保持一定距离，客人准备好钱款后再上前收取。收取现金时应当面点验。

禁忌：唱收唱付不分场合和对象。

4）传菜员服务礼仪

应确认订单时间，检查订单上有无客人的特殊要求。应及时上菜。掌握所传菜单、小菜或作料的搭配要求。做到正确搭配。传菜顺序正确。掌握冷热菜品的最佳传送时间。

禁忌：上菜不及时；张冠李戴将菜的名称和台号弄错。

【小贴士】

中餐夹菜的礼节

在中餐礼仪中，宴席开始时，主人一般会先给主宾夹菜，请其先用，以示让餐。在就餐过程中，新菜上台，一般会让主人、主宾或年长者先用，而主人、主宾和年长者则可以视情况给其他人夹菜。给其他人夹菜，在中餐中是表示关爱、尊敬的意思，受礼人还应表示感谢。现代餐饮礼仪不提倡劝酒劝菜。

【阅读材料】

中餐用餐礼仪

1. 服装

用餐时应该正装，不要中途脱外衣。

2. 入座

入座后，坐姿端正，手肘不得靠桌沿或将手放在邻座椅背上。入座后，不要旁若无人，也不要眼睛直盯盘中菜肴，显出迫不及待的样子，可以和同席客人简单交谈。

3. 用餐

一般是主人示意开始后再进行。就餐的动作要文雅，夹菜动作要轻。而且要把菜先放到自己的小盘里，然后再用筷子夹起放进嘴。送食物进嘴时，要小口进食，两肘向内靠，不要向两边张开，以免碰到邻座。用餐时，如要用摆在同桌其他客人面前的调味品，先向别人打个招呼再拿。如果太远，要客气地请人代劳。如在用餐时非得需要剔牙，要用左手或手帕遮掩，右手用牙签轻轻剔牙。

4. 喝酒

一味地给别人劝酒、灌酒，吆五喝六，特别是给不胜酒力的人劝酒、灌酒，都是失礼的表现。酒喝七分，以免失态。

5. 劝菜

中餐提倡劝菜不夹菜，即使要夹菜，也要征得对方同意，并用公筷公勺夹菜，不要勉强客人。

6. 离席

如果宴会没有结束，而你已用完餐，不要随意离席，要等主人和主宾餐毕先起身离席，其他客人才能依次离席。

5.4.2 西餐服务礼仪

1）西餐的桌次安排

①同一桌上席位高低，以距离主人座位的远近而定，右高左低。男女交叉安排（图5.13）。

②非官方接待时，以女主人座位为准。主宾坐在女主人右侧，主宾夫人坐在男主人右侧。

③举行两桌以上的西式宴会，各桌均应有第一主人，主人及宾客的位置应与主桌的位置相同（图5.14）。

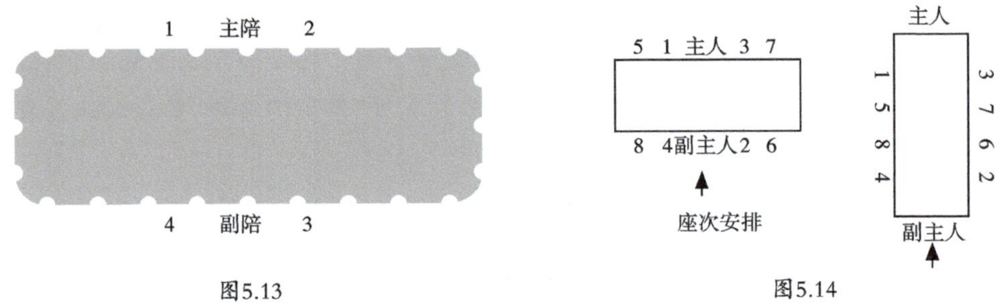

图5.13

图5.14

2）摆台礼仪

客人在就座之前，首先看到的是餐台布置和餐具的摆放，因此，餐厅的气氛与摆台有很大关系，而且，摆台还会影响客人就餐前的情绪。西餐主要有3种摆台形式，即二人桌的摆放，三人桌的摆放和四人桌的摆放。西餐的餐巾折花造型比较简单，主要以盘花为主。

3）餐前服务礼仪

（1）迎宾、引座

西餐服务中的迎宾礼仪与中餐服务中的迎宾、引座礼仪基本相同，这里不再重复。

（2）入座

以女士优先为原则。

4）餐中服务礼仪

（1）餐前酒（开胃酒）

宾客点餐前酒，酒类侍应站在宾客左侧，口头接受宾客的点酒。上酒时，手持玻璃杯的下方，从宾客右侧上。所有饮料，应从宾客右侧上，而且，要按女士优先的原则上酒。

【小贴士】

下酒小菜

与餐前酒同时上的小菜。既然是小菜，量必然不多，几乎可以一口吃完，所以一般使用小盘盛放，叉或匙等直接放在小菜上即可。若宾客没有点餐前酒，下酒小菜可待宾客点完菜后再上。

（2）呈示菜单

在提供餐前酒服务之后，适时将菜单打开，从宾客左侧递上去。如果客人没有订餐前酒，可直接递上菜单。呈递菜单后，应给客人从容选择菜肴的时间。

（3）说明菜肴，接受点菜

客人在选择菜肴时，一定要为满足客人要求当好参谋。

5）酒类服务礼仪

（1）白葡萄酒服务礼仪

白葡萄酒须放在装有冰的冰桶中冰镇。从冰桶中取出应用餐巾垫着酒瓶，站在点酒客人的右侧，请客人确认标签（图5.15）。

打开酒瓶盖，在主人的酒杯内倒入酒杯1/6量的酒供品尝认可，当得到可以的表示后，依次将各自的酒杯倒入2/3的酒。为防止酒水滴到酒杯外面，倒完时，将酒瓶扭转一下，并用餐巾擦拭瓶口，再将酒瓶放回冰桶。

以左手托扶住酒瓶底部，右手扶握酒瓶颈部，酒标正对点酒的客人，让酒标保持在客人视线平行处。待客人确认酒品后，服务员方可将酒瓶装入酒篮中，使酒瓶保持30° 的斜角状卧放其中。

酒瓶塞拔出后，放在一个垫有花纸的小盘中，送给客人检验。服务员要用口布将瓶口残留杂物认真擦除。

图5.15　图片来源：百度图库

右手捏握酒瓶，左手自然弯曲在身前，左臂搭挂服务巾一块，站在点酒客人的右侧，按顺时针方向服务。每斟倒一次，在结束时应轻转手腕，使瓶口酒液挂于瓶口边缘，然后将瓶口在左臂搭挂的服务巾上轻轻擦去残留酒液。在整个侍酒过程中，应注意尽量减少服务过程中对酒液的晃动。

（2）香槟酒服务礼仪

先将香槟酒瓶放在冰桶内冷却半小时，因为香槟酒瓶较厚。在客人面前开启香槟酒时，应尽量防止瓶塞离瓶时发出的响声。

除去软塞后，把瓶口擦一下，然后在主人的杯中倒入一点酒，以求认可。倒酒时，商标向着客人，并根据情况决定是否使用餐巾裹住酒瓶。倒完酒后，把香槟酒瓶放入冰桶，保持冷却。

（3）啤酒服务礼仪

应根据季节控制好啤酒的酒温；酒瓶应在客人面前开启；右手握住啤酒瓶的下半部，酒标向外以供客人辨认；当杯中啤酒接近七成满时，放慢斟倒速度，当啤酒泡沫齐杯口时停止斟倒。

【小贴士】

如何判断啤酒优劣

1. 看色泽、透明度及泡沫

将啤酒倒入洁净干燥的大口无色透明的玻璃杯内。浅色黄啤酒应呈微带青的金黄色，不可色暗。黄啤酒应呈淡黄色或淡黄带绿色，色淡者为优，不可带有暗褐色；黑啤酒应呈黑红色或黑棕色，不可呈黑褐色、浅红或棕色。但都要求酒液清亮透明、有光、无悬浮物及沉淀物。质优的啤酒，注入杯内时升起的泡沫高度不应低于3厘米，而且泡沫洁白、细腻，能持久4~5分钟才消失。质量较次的啤酒，泡沫升起的高度低，泡沫微黄、较粗、不持久，或者无泡沫。喷泡现象，有人以为喷泡是好酒，其实是一种病害表现。引起喷泡的原因是酿造啤酒用的大麦受潮，生长很多霉菌，其中根霉菌和镰刀霉菌又产生肚类物质，这种物质就容易引起啤酒喷泡。

2. 闻香气

质优的啤酒，应具有显著的麦芽清香和酒花特有的香；质次的啤酒麦芽清香和酒花香气不明显。质较次的，往往不但无麦芽和酒花香气，甚至会有生酒气味、老化气味以及其他不正常的异味。

3. 尝味道

即呷一口啤酒，含在嘴里，用味觉感受其优劣。啤酒应具有来酒液中的二氧化碳气味和来自酒花的爽口苦味和独特风味。质优的啤酒，喝到嘴里具有非常爽口的感觉，没有异味、涩味等，如黄啤酒，清苦、爽口、细腻，红啤酒初味苦而味甜，黑啤酒味道香浓质厚实。酿造质次的啤酒，不仅口味平淡，而且会带有苦味、涩味，有的还会带有酵母臭味、不成熟的啤酒味以及其他不正常的异味等。

（4）饮料服务礼仪

将客人所需饮料按内高外低的装盘原则摆放在托盘内，饮料的主要标识朝外。左手托稳托盘，注意托盘勿置于客人头顶部位。右手握好饮料瓶的下半部，饮料的标识向外，使客人可以清楚地辨识。

6）各种食品的服务礼仪

（1）面包

面包放在铺着布巾的面包篮中，左手托着面包篮，从客人左侧伸到客人面前，由客人自己取食。添加面包要在客人用餐结束前进行，而不是在吃饱后。

【小贴士】

可以将盛有各种面包的面包篮放在餐桌上，由客人按自己的喜好取面包。但这种场合，最好放在便于客人自取的位置。一般的做法是将餐桌上的调味瓶架和烟缸挪到一边，把黄油和面包篮摆在中央，面包篮的数量可按 4 位客人取食的标准摆放。

（2）浓汤

上汤前，先摆放好汤匙，一般有3种服务方式：

①在厨房将浓汤盛在带把手的汤碗里，汤碗放在盘子上端到餐厅，放在客人近旁的服务桌上，用小托盘送到客人面前。

②在厨房将浓汤盛在汤碗里，然后左手端着，端时需用餐巾垫着。上汤时，先从客人左侧展示一下汤，再用长把勺将汤舀在客人的汤盘中。

③服务桌上放好盛有浓汤的汤碗、汤盘和托盘。打开汤碗的盖子，向客人展示一下，然后，盛在汤盘里送到客人面前。

【小贴士】

汤一般要配汤料。汤料可以在上完汤时站在客人左侧，征求宾客意见后，再根据需要上。

上奶油洋葱汤或意大利菜汤等之前，应将芝士粉放在餐桌上，或者从客人左侧端上，请客人自取后再放到餐桌上。

（3）肉类菜肴

肉类菜肴的调味汁较多，最好备有调味汁匙。调味汁匙应放在餐刀右侧，与刀柄下端取齐。对于带骨头的菜，一定要准备洗指钵。

【小贴士】

洗指钵一般放在面包盘的左上方，若因沙律和面包的摆放无法再放洗指钵的话，也可将洗指钵放在右上方。

洗指钵中的水温要合适，上面放一片柠檬。

（4）甜点

点菜时如果没有点甜点，可将菜单再次呈递给客人。甜点点好后，就摆放甜点用的刀、叉、匙。

（5）咖啡、红茶

用餐完毕后，应征求客人意见，是否需要咖啡或红茶等餐后饮料。

【小贴士】

我国主要客源国的饮食习惯和禁忌

1. 法国

法国人讲究吃，对于饮食的要求很高，喜欢面食、奶酪。爱吃牛肉、猪肉、鸡肉、兔肉、海鲜品、鹅肝等。不喜欢吃无鳞鱼和带刺骨的鱼，不喜欢吃辣，但喜欢葱、蒜、丁香等异味调料。

对饮料颇为讲究，餐前喝开胃酒。进餐中喝白葡萄酒、红葡萄酒；用餐结束喝香槟酒。餐后用甜酒或白兰地，特别讲究菜肴与酒水的搭配。特别爱喝矿泉水，视矿泉水为生命之水。

禁忌：法国人忌讳吃狗肉。

2. 美国

主食是肉、鱼、蔬菜类，副食是粮食。一日三餐比较随便，没有过多讲究。喜欢咸中带甜的菜肴，喜吃甜食，口味清淡。水果经常是菜肴中不可缺少的配料，普遍喜欢海味和蔬菜。一日三餐一定要喝饮料，正餐中多配葡萄酒、啤酒或牛奶，而烈酒只在酒吧中饮用。餐后喜欢吃甜品、喝茶或咖啡，饮料中都喜欢加上糖和冰块。

3. 俄罗斯

以面制品的烤食为主食，喜食牛肉、羊肉、禽类及沙丁鱼、小青鱼等水产品，喜食西红柿、洋葱、胡萝卜、土豆等蔬菜。口味浓重，喜咸、甜、酸、辣，不怕油腻，用餐节奏快。喜欢喝酒，且饮量大。

4. 泰国

喜欢辛辣、鲜嫩的食物。爱在菜肴中加入辣酱、鱼露和味精。最爱吃“咖喱饭”。不喜欢过咸和过甜的食物，也不喜欢红烧的菜肴。

5. 日本

喜欢吃鱼及各种海味、瘦猪肉、牛肉、鸡、鸭及新鲜蔬菜、豆腐、紫菜，但不吃羊肉、猪内脏及肥猪肉。生食是日本人的习惯，像生鱼片之类的。还很讲究茶道，餐前餐后都喜欢喝茶，特别喜欢喝清茶。

【阅读材料】

西餐用餐礼仪

赴约：

1. 服装

再昂贵的休闲服，也不能随意穿着上餐厅。男士要穿着整洁的上衣和皮鞋；女士要穿套装和有跟的鞋子。如果指定穿正式服装的话，男士必须打领带。

2.守时

西式宴会是绝对按照预定的时间进行的，因此，应邀赴宴，不能迟到，但也无须早到。

3.入座

由椅子的左侧入座。当椅子被拉开后，身体在几乎要碰到桌子的距离站直，领位者会把椅子推进来，腿弯碰到后面的椅子时，就可以坐下来。用餐时，腹部和桌子保持约一个拳头的距离，两脚交叉的坐姿最好避免。就座时，身体要端正，手肘不要放在桌面上，不可跷足。餐台上已摆好的餐具不要随意摆弄。将餐巾对折轻轻放在膝上。

4.用餐

当餐桌上有多副刀叉并排时，须按先外后内的顺序依次取用。因为西餐餐具的摆放与上菜的先后直接衔接，每上一道菜换一副餐具，大多数情况下需刀叉并用。

①使用刀叉。基本原则是右手持刀或汤匙，左手拿叉。刀叉的拿法是轻握尾端，食指按在柄上。汤匙则用握笔的方式拿即可。吃体积较大的蔬菜时，可用刀叉来折叠、分切。较软的食物可放在叉子平面上，用刀子整理一下。切东西时，左手拿叉按住食物，右手执刀将其锯切成小块，然后用叉子送入口中。每吃完一道菜，将刀叉并拢放在盘中。如果吃到一半想放下刀叉略作休息，应把刀叉以八字形状摆在盘子中央，刀刃朝向自身，表示还要继续吃。刀叉不应突出到盘子外面，边说话边挥舞刀叉是失礼举动。用餐后，将刀叉摆成4点钟方向即可。千万不可手执刀叉在空中挥舞摇晃，也不要一手拿刀或叉，而另一支手拿餐巾擦嘴。也不可一手拿酒杯，另一只手拿叉取菜。

②饮酒。用三根手指轻握杯脚，饮酒时不能吸着喝，而是倾斜酒杯，像是将酒放在舌头上喝。轻轻摇动酒杯，让酒与空气接触，以增加酒味的醇香，但不要猛烈摇晃杯子。不应将酒一饮而尽，不应边喝边透过酒杯看人。不要用手而用面巾纸指擦杯沿上的口红印。饮酒干杯时，即使不喝，也应将杯口在唇上碰一碰，以示敬意。当主人或服务员为你斟酒时，别拿起酒杯，应把它放在桌上，不想再添酒或根本不喝时，只需要做个手势，切勿用手蒙住酒杯倒扣在桌上。

③喝汤。不能吸着喝，应先用汤匙由后往前将汤舀起，汤匙的底部放在下唇的位置将汤送入口中。汤匙与嘴部呈45°角较好。身体上半部略微前倾。碗中的汤剩下不多时，可用手指将碗略微抬高。如果汤用有握环的碗装，可直接拿住握环端起来喝。

④面包的吃法。先用两手撕成小块，再用左手拿来吃。吃硬面包时，可用刀切成两半，再用手撕成块来吃。避免像用锯子似割面包，应先把刀刺入一半。切时可用手将面包固定，避免发出声响。

⑤鱼的吃法。鱼肉极嫩易碎，因此餐厅常不备餐刀而备专用的汤匙。这种汤匙比一般喝汤用的稍大，不仅可切分菜肴，还能将调味汁一起舀起来。首先用刀在鱼鳃附近刺一条直线，刀尖不要刺透，刺入一半即可。将鱼的上半身挑开后，从头开始，将刀叉在骨头下方，往鱼尾方向划开，把针骨剔掉并挪到盘子的一角。最后再把鱼尾切掉。由左至右面，边切边吃。

⑥喝咖啡时，左手托盘，托至齐胸处，右手持杯耳，然后把咖啡杯端离托盘慢慢品

饮。饮毕，将咖啡杯放回托盘，再放到桌上。咖啡匙是用来搅拌的，将小匙放在杯子内或用小匙舀着喝，都是失礼行为。

⑦ 餐巾。宴会开始时，主人拿起餐巾，即准备进餐，客人随后拿起餐巾。散席前收起餐巾也以主人为先，若反之，则失礼。将餐巾平铺在腿上，盖住膝盖以上的双腿部分。不能围在脖子上或系在裤腰带上。不能塞入领口。

⑧手提包。在欧美，女士入座后，通常会直接把手提包放在脚边的地板上。除了夹在腋下的小皮包外，其他手提包不能放在餐桌上。如果不习惯把手提包放在地板上，可以把手提包放在背后和椅子之间。若是邻座没有人，也可以放置在椅子上，或挂在皮包架上。

⑨不可在进餐时中途退席。如有事确需离开，应向左右的客人小声打招呼。

5.4.3 宴会服务礼仪

1）宴会准备服务礼仪

宴前准备工作要重视，了解宴会规格、目的、性质、名称、客人构成等。

（1）了解客人情况

对客人情况要做到“八知、三了解”，即知国籍，知人数，知到席时间，知身份，知用餐标准要求，知接待单位，知菜式品种，知收费方式；了解风俗习惯，了解生活特点，了解用餐禁忌。

（2）备好必需物品

包括清洁且折叠整齐的抹布、打火机等。所有餐前准备工作都应在第一位客人到达前完成（图5.16）。

【小贴士】

为餐桌选择插花时，要考虑香味和外形。香气太浓的鲜花会影响食物的香味，不宜使用。在桌上不能放盆栽植物，万一溅落泥土，会有伤大雅。

（3）规范摆台

规范摆台取决于很多要素，如席位的排列、餐具和瓷器的布置等，都应特别注意（图5.17）。

2）宴会迎宾服务礼仪

客人到达时，应热情迎接，主动招呼、问好。如若人手不够，只为主宾拉椅、开菜、取布、取筷套，请客人选酒水。

3）宴会进行时的服务礼仪

（1）致辞、祝酒时要安静

致词时，服务人员要停止一切活动，站立旁边，不要随意走动，也不要鼓掌，保持场面安静。

图5.16

图5.17　图片来源：百度图库

（2）侍应顺序要正确

根据国际惯例，侍应顺序应从男主人右侧的女宾或男宾开始，接着男主人，由此自右向左按顺时针方向进行。

【小贴士】

若宴会规格高，须由两人担任侍应：其中一名服务员按上述顺序开始，至女主人或第二主人右侧的宾客为止。

（3）上菜、派菜、分汤均按顺序进行

中餐宴会的派菜是由服务员使用派菜用的叉、匙，依次将热菜分派给宾客。顺序是先客人，后主人，先女宾，后男宾，先主要宾客，后一般宾客。派菜要做到一勺准，不允许把一勺菜分让给两位宾客，更不允许从宾客的盘中往外拨菜。

【小贴士】

在宴会服务时，如需撤换餐具，要注意：凡用过一种酒，又需用另一种酒时，酒具应及时更换。凡沾染鱼腥味的餐具，再上其他类型菜肴时须更换。骨碟内骨刺残渣较多，影响雅致时，要及时更换餐具。更换餐具时，要注意客人是否正在使用，如无把握，则应轻声询问。上、撤餐具时，动作要轻，不能损坏餐具，也不要将汤汁洒在客人身上。

西餐宴会服务撤餐具时，要从宾客的右侧撤，要用右手撤盘，左手接盘。

（4）斟酒在右

斟酒在右，与上菜不同，上菜在左。

【小贴士】

中餐宴会一般使用两种酒，一种是度数较高的烈性酒，一种是度数较低的甜酒，通常是葡萄酒。饮料一般是啤酒、果汁、矿泉水。

西餐宴会的斟酒顺序，若是国家元首应先斟男主宾，后斟女主宾。一般客人则是先女主宾后男主宾，再主人。其他客人按座位依次斟酒。

【阅读材料】

宴会用餐礼仪

1. 请柬的处理

接到宴会的请柬，应及时回复主人。若不能赴宴，一定要讲明原因并向主人致以歉意。接受邀请后不要随便更改。

2. 适当化妆

在赴宴前，必须把自己打扮得整洁大方，这是属礼节范围内的，男性赴宴比较简单，只要比平常多留意一下衣装即可。女性赴宴前就要多留心化妆问题。

3. 准时晚到

关于赴宴时间，国际上的一条惯例时准时晚到制。有两层含义：

第一，赴宴一定不能早到，以防主人还未作好迎宾准备，但可以准时到达。准时到达时，若主人还未准备好迎宾，那就是主人失礼。

第二，赴宴最好是晚到几分钟。这样可以保证主人已作好充分准备。但这种晚到又不是迟到，不能让主人和其他嘉宾久久等候。晚到的时间可以在5~10分钟，若是大型招待会，晚到时间可以放宽到25分钟左右。

4. 宴会的入席离席方式

走进主人家或宴会厅时，应首先跟主人打招呼。同时对其他客人，不管认不认识，都要微笑点头示意或握手问好。对长者要主动起立，让座问安。对女宾举止庄重，彬彬有礼。

入席时，自己的座位应听从主人或招待人员的安排。

入座后坐姿端正，脚踏在本人座位下，不要任意伸直或两腿不停摇晃，手肘不得靠桌沿，或将手放在领座椅背上。入座后，不要旁若无人，也不要眼睛直盯盘中菜肴，显出迫不及待的样子。可以和同席客人简单交谈。

若宴会没有结束，但已用好餐，不要随意离席，要等主人和主宾餐毕先起身离席，其他客人方可依次离席。

任务训练　酒店服务情景模拟

教学目的	通过学习实践熟悉门厅迎宾、总台、客房相关工作。
先修与并修	并修
学习内容	1.门童礼仪。 2.行李员礼仪。 3.总台预订礼仪。 4.总台入住登记礼仪。 5.客房迎客服务礼仪。 6.客房日常服务礼仪。
学习产出	1.熟练掌握门厅迎宾礼仪。 2.熟练掌握总台服务礼仪。 3.熟练掌握客房服务礼仪。 4.充分的理论联系实际。
评价标准	1.门厅迎宾员所涉及的站姿、手势、表情、言谈礼仪规范。 2.行李员所涉及的站姿、手势、表情、言谈礼仪规范。 3.掌握预订的几种方式。 4.前台服务所涉及的站姿、手势、表情、言谈礼仪。 5.提供宾客迎送、客房进行全面清扫和整理、投诉处理等服务。 6.了解房态，维护和保障楼层工作秩序和安全，为客人提供优质的服务。

项目 6 导游服务礼仪

在经济全球化的时代，礼仪的作用显得越来越重要，在旅游业中，导游接待工作直接影响到中国的形象、旅游目的地形象和旅游企业形象。因此，在导游接待工作中，礼字当先，做好富有人情味的服务，才能使客人在心理上感到满足，高兴而来，满意而归。

任务1　认识导游工作

【案例导入】

小郑是武汉某国际旅行社的导游，按照所在旅行社委派，于7月19日接待来自北京的Z旅行团一行18人，该旅行团是当地时间下午15点的火车到达，由于恰逢武汉炎热季节，小郑选择了T恤，短裤搭配拖鞋，在作好接团准备后便提前到达火车站。旅行团准点到达了武汉火车站，当客人出站时，小郑很快找到了自己的团队并热情地开始了接待工作。小郑按行程安排送客人到酒店住下后，回家途中却收到了旅行社的电话，客人对小郑进行了投诉，投诉的理由是小郑穿着对客人不够尊重。小郑认为自己按规定做好了本职工作，穿着是自己的事，又是大热天，客人不该对他进行投诉，小郑觉得自己很委屈。

【任务分析】

1. 客人对小郑的投诉是否合理？
2. 导游人员该怎么穿？良好的自身形象对导游工作有何帮助？

6.1.1　导游礼仪接待原则、要求及作用

1）导游礼仪接待的原则

（1）以我为主，尊重他人

在接待工作中，特别是接待外宾时，要求导游人员在施礼的过程中，要以我国的礼貌语言、礼节、礼宾规程为行为准则，彰显我国礼仪之邦的形象。同时，也要参考并适当尊重对方的礼节、礼仪，体现出对对方的尊重。

（2）自尊自爱，不卑不亢

导游人员在接待过程中要不失身份，对任何宾客都不要低三下四，也不要趾高气扬，拒绝低级趣味和庸俗下流的内容，维护国家形象和自己的风度。

（3）一视同仁，宾客至上

宾客最讨厌以貌取人，导游人员在接待过程中，对待所有宾客都应诚恳、谦恭、和善，做到“德诚于中，礼形于外”。全心全意为客人服务，处理问题时以客人的利益为重，避免带个人情绪来对待游客。

2）导游接待礼仪的基本要求

（1）热情接待

导游人员要正确认识自己所从事的职业，深切理解客人心理，发自内心且富有同情心地向客人提供良好的服务。热情服务主要通过言语、表情、态度等体现。

（2）主动接待

在客人开口提出要求之前便已提供相应服务。要想做到这一点，要求导游人员有较强的角色意识和强烈的情感投入。在服务中善于把握最佳时机，关注到服务的关键点，最大限度地发挥服务工作的效用，让客人留下深刻印象。当然，在工作中，也要求我们的导游人员避免自作聪明，草率作出判断，以免事与愿违。

（3）文明接待

导游人员在提供服务时，必须做到文明接待，体现出自身的文明素养。这要求导游人员做到规范的服务、科学服务和优质服务。站有站相，坐有坐相，来有迎声，有问有答。使用通俗易懂的语言，讲解时，目光照顾到每一个游客，适当增加讲解的趣味性和娱乐性。尽心尽责，力求完美。只有这样，导游服务质量才能提高。

3）导游礼仪接待的作用

（1）增进人际交往，创造和谐友善的氛围

要求导游在向客人提供的各个服务环节中做到礼仪规范。这不仅有助于促进与客人之间的友好交往，形成良好的客我关系，而且有助于建立团结友善、平等互助的人际关系（图6.1）。

（2）提高职业道德，提升导游素质

导游人员的素质是职业道德的重要体现。良好的思想道德素质，广博的知识储备，独立的工作能力和创新精神，较高的导游服务技能和进取精神以及规范的仪容仪表都是导游素质的体现。由此可见，导游礼仪水平的高低直接反映了导游的素质和职业水平。通过导

图6.1

游礼仪的教育与培养，有助于提高导游素质，加强导游的职业道德。

（3）约束导游人员的行为

导游人员面对的不仅是我国客人，还有来自世界其他国家和地区的客人，从一定意义上说，导游代表了我国的国家形象、旅游目的地形象和旅游企业形象，因此，导游的行为是否符合礼仪的规范标准就显得特别重要。导游接待工作中，自觉接受礼仪约束，才可能被人们所认可，才符合整个旅游业的要求。

（4）提高旅游服务的质量

随着社会的发展，行业的竞争越发激烈，旅游业也不例外。在旅游业的竞争中，最根本的是旅游服务质量的竞争。旅游服务质量是旅游业赖以生存的生命线，是其核心。导游人员如果能够注重接待礼仪，运用自己主动、礼貌的服务态度，成熟的服务技巧帮助客人，让客人在旅游过程中始终保持亲切感，就符合了行业对服务质量的要求。

6.1.2 导游人员职业形象

仪容仪表作为导游接待人员个人形象塑造的重要组成部分，对提供优质导游服务有着举足轻重的作用。恰当的仪容仪表能够体现个人的自尊和对客人的尊重，有助于维护导游接待人员所在企业的形象，接待外宾时更能体现中国的国民形象和素质。因此，导游接待人员掌握恰当的修饰技巧就十分重要。

在进行修饰时，我们要坚持两个原则：干净、整洁与卫生；修饰避人。

女性导游人员发型的基本要求是：干净利落，端庄大方，朝气蓬勃。不留披肩发，不留过低的刘海。发式一般以盘发、短发或齐耳直发为宜，特别注意避免使用色泽过于艳丽的发饰。

男性导游人员发型的基本要求是：体现男性刚毅有力的特点，发型不宜偏女性化；脸形、衣着等与发型相协调；不烫发，不留络腮胡和小胡子，脑后头发不触及衣领（图6.2）。

图6.2

【小贴士】

男士由于生理因素和户外活动量较大，相对于女士而言，皮肤一般较粗糙、毛孔大，汗液和油脂分泌量大，外界灰尘、污垢容易积聚在皮肤上，造成毛孔堵塞。因此，男士的洁面护理更为重要。男士修容一般包括洁面、护肤、发型等几项内容。

6.1.3 导游人员礼仪修养的培养

作为导游人员来讲，接待工作主要是面对人，处理人与人之间的关系。要想与游客之间要有良好的沟通，增强企业凝聚力，争取客源，推动文化的传播与交流，进而在旅游业中有所作为，礼仪修养的强化必不可少。

1）实施旅游职业道德教育

提高旅游接待工作的水平和质量，要狠抓行业职业道德的建设，将礼仪训练与职业道德教育有机地结合起来，内外皆修。使导游人员对礼仪有深刻的理解，从而加强其自觉性。

2）认真落实礼仪实践

导游人员在进行礼仪训练时，对照礼仪的规范和要求，不断地克服自身原有的不良习惯，提高对礼仪修养的评价和选择能力，让礼仪修养从有意识的锻炼，逐步融入到自身日常行为，进而形成一种习惯，自然而然地指导自身行为活动。

导游人员的工作比较特殊，接触到人和环境较广且复杂，这就更需要做到“慎独”。在独处时，要能够始终坚持道德原则，坚持不做任何不道德的事。

3）通过综合素质的培养，提高礼仪修养

导游人员的素质是多方面的，既有思想道德素质，渊博知识，创新精神，也有较高的导游技能，竞争意识，健康身心和规范的仪容仪表等。培养和提高导游人员的综合素质，可以促进礼仪修养，提供规范的礼仪服务，也可以在碰到新情况、新问题时发挥创造性和艺术性。

任务2　导游接团服务

【案例导入】

西安某旅行社在国庆节期间组团前往宁夏沙湖。这个团为标准团。事先其领队曾对游客讲过旅游地的地陪人员较少，旅游服务水平还不高，请大家有所准备。该团到达宁夏后，行程安排得比较紧，地陪在没有跟大家商量，也没有和领队、全陪核对的情况下，便向大家宣布行程，致使其中一个旅游项目没有宣布，引起游客不满。当晚又在没有了解准确到站时间及换车车次的情况下，就向游客宣布，游客提出质疑，且对到站时间及提前离开表示极为不满，当晚便与地陪发生争执。经全陪调查，原定列车已被取消，这次列车准确到站时间改为早 6：50（原以为凌晨 4 点）。尽管如此，因为地陪的表现及在与游客争执中语言欠妥，致使游客返回后对此地陪提出投诉。

【任务分析】

地陪人员的不当行为有哪些？

6.2.1 迎送礼仪

旅游团接送是导游人员的一项十分重要的工作，客人与导游的第一次接触就是在接团时，留给客人什么样的第一印象直接关系到后续工作的开展。而送团虽然是最后一项工作，但是，如果送团时出现了礼貌不周的问题，也将破坏旅行社和导游在客人心中的整体形象。因此，做好旅游服务接待工作，迎送礼仪尤为重要。

1）迎客服务准备

接待准备是做好接待任务的重要前提，越是准备充分、细致，旅游团的运转越是顺畅，越能满足客人的需求。

准备工作包括了核实并熟悉接待计划，落实交通、住宿、餐饮等相关接待事宜，作好形象准备、心理准备等。应做到衣着整洁、得体，符合本地区本民族的着装习惯，适当照顾客人特别是外宾的衣着习惯，留给客人一个健康、朝气的第一印象。

2）接站服务

（1）接站前的准备

提前半小时到达，准备醒目的接团标志，事先了解全陪的信息，以便辨认。接团前要落实能够完全容纳旅游团客人的旅游车，并督促司机打扫车身及车内部卫生。

（2）接到客人

热情相迎，礼貌地问询，确认自己的团队，无误后，应主动问候，简单介绍自己及单位，欢迎客人的到来。

（3）行李搬运

导游人员应主动询问客人行李情况，对于大件行李，应主动帮助客人搬运，而对于类似公文包、手提包等则不必为客人拿。确认行李数正确后，迅速引导客人到达已安排的旅游车旁，帮助司机及客人有序摆放行李。礼貌的招呼客人有序上车。

（4）途中服务

客人坐定后，通过发放日程表或其他方式将本次游程安排、活动项目等告知客人，并在出发后致欢迎词，沿途简单导览。在此过程中，要根据客人的精神状态，适当调整讲解时间（见图6.3）。

图6.3　图片来源：百度图库

3）送站礼仪规范

导游送站服务，是导游工作的最后环节，整个接待工作是否圆满，关键也在此。

活动结束之前，导游人员就应提前为客人订好下一站旅游或返程的相关交通票据，并尽量集中安排座位，以利于团队的活动统一协调。

在送客人前往车站、机场或码头时，应符合礼仪规范地在车上致欢送词。临别之际，应亲切询问客人有无来不及办理的事项，需要自己代办的事情，并提醒客人检查相关物品及证件，是否有遗漏并及时帮助解决。

虽然是最后一个带团环节，为客人送行同样需要导游人员时刻让对方感受到自己的热情、诚恳、礼貌和修养。当乘坐的火车、轮船、汽车开动时，或客人进入安检前，应向客人挥手道别，送上祝福，然后再离开。当需要提前离开时，应向客人说明原因并表示歉意。

【知识拓展】

欢迎辞

各位团友：大家好！

很高兴见到各位，首先我代表我们XXX公司对大家参加这次的旅游活动表示热烈的欢迎，我托大家的洪福，很幸运能够成为大家的导游。在这里要跟大家说声谢谢：“谢谢大家！”先自我介绍吧，我是XX旅行社的派来的导游，我姓X，名XX，大家可以直接喊我的名字：XXX。这个名字挺简单，对吗？又好记，希望大家喜欢。

在我身边这一位是我们这次旅途中最为劳苦功高的一位，我们的XXX师傅，我们未来几天的行程都是由他来为我们保驾护航，在此，我们以热烈的掌声感谢我们的XXX师傅。

（略停）谢谢大家！那么，在这两天里面呢，就将由我和XXX师傅以及我们的地陪为大家服务，务求使到大家在我们旅途中的“食住行游购娱”都能够得到满意的服务。

大家有什么需要帮忙的地方尽管说，我们会尽量满足大家的要求。我们也希望在座的每一位团友都能够配合我们导游、司机的工作，爱护车厢里的清洁卫生。

最后，请大家再次以热烈的掌声预祝我们度过一个轻松愉快的旅程！

欢送辞

（语速放慢）虽然舍不得，但还是不得不说再见了，感谢大家几天来对我工作的配合和给予我的支持和帮助，我自问是一个有责任心的人，但是在这次旅游过程中，还是有很多地方做得不到位，比如说什么时候我如何如何了，大家如何如何帮助我，什么什么时候我又有什么疏漏，大家不但理解我而且还十分支持我的工作，不一一枚举了，就是这些点点滴滴的小事情使我感动。也许我不是最好的导游，但是大家却是我遇见的最好的客人，能和最好的客人一起度过这难忘的几天这也是我导游生涯中最大的收获。作为一个导游，虽然走的都是一些自己已经熟得不能再熟的景点，不过每次带不同的客人却能让我有不同的感受，在和大家初次见面的时候我曾说，相识即是缘，我们能同车而行即是修来的缘分。而现在我觉得不仅仅是所谓的缘了，而是一种幸运，能为最好的游客做导游是我的幸运。

我由衷地感谢大家对我的支持和配合。其实能和大家达成这种默契真的是很不容易，大家出来旅游，收获的是开心和快乐。而我作导游带团，收获的则是友情和经历。我想这次我们都可以说是收获颇丰吧。也许大家离开后，我们以后很难会有再见面的机会，不过我希望大家回去以后和自己的亲朋好友回忆自己的XX之行的时候除了描述景色如何美丽之余不要忘了加上一句，在XX有一个导游小X，那是我的朋友！

最后，预祝大家旅途愉快，以后若有机会，再来XX会会您的朋友！

6.2.2 沟通协调

导游服务是一个与人打交道的工作，要想了解客人在想些什么，在旅游过程中有什么样的要求和意见，同时，将自己的想法准确地传达给游客，彼此之间的沟通就显得尤为重要。导游人员的形象只有通过彼此沟通才能进一步得到展现。

1）导游人员沟通原则

（1）语言标准，用词正确

导游人员在与客人沟通时，语言的准确是至关重要的，避免造成语言含糊、词不达意的情况。

（2）语言文明，内容健康

使用文雅词语，如用“丰满”代替“肥胖”，用“你找哪位”代替“你找谁”等。沟通中杜绝粗话、脏话、气话、黄话等不雅之语。

【小贴士】

导游人员沟通中的避讳

交谈中“六不谈”

1. 不非议政府、国家。
2. 不谈国家机密和行业秘密。
3. 不谈内部事务。
4. 不谈低俗的话题。
5. 不议论同事、领导和同行。
6. 不谈私人问题。

私人问题“五不问”

1. 收入情况。
2. 实际年龄，尤其是女性。
3. 婚姻家庭情况。
4. 健康状况。
5. 个人经历。

2）学会倾听

任何交流都是双方的。在与客人交谈中，要学会去“听”，只有这样，才能从对方的言语中，明白他要表达的是什么，他的诉求要哪些，他需要什么帮助等。倾听要做的“三

图6.4

图6.5

心”：耐心、会心、虚心。在倾听过程中，也要时刻注意礼貌。

在交流中，神态专注，认真配合，对对方所讲内容表现出浓厚的兴趣，明确主题，有针对性地提问，不贸然打断对方。

6.2.3 讲解礼仪

作为一名导游，导游讲解礼仪规范的通晓是很重要的。如何为游客提供优质的导游讲解服务呢？我们可以从以下几个方面来了解：

1）讲解的选择艺术

（1）时机选择

针对不同的游客心理，选择不同的讲解时机。一般要选择在游客最愿意听、整个气氛最强烈的时机讲解，比如对某一处景点，游客求知欲很强的时候，恰当的讲解其效果是最好的。

（2）地点选择

导游人员应善于从景观、环境和兴趣点3个方面来选择讲解的最佳地点。有些景观只有特殊的角度才能体现其特征时，导游人员应选择好角度后开始讲解，否则无法体现出景点的独特之处，也不能有效提高游客游览的兴趣。与此同时，讲解景点是还需兼顾到其他旅游者，尽量不影响其他游客的正常参观活动。

（3）对象选择

导游人员的讲解不可能面面俱到，特别是人数较多的团队，导游人员讲解是做不到每个人都能照顾到的，因此针对不同的讲解对象，要选择最具有代表性的方面讲解。

2）讲解礼仪

（1）站姿

导游人员讲解时，站姿要规范，挺胸立腰，端正庄严。如在车内讲解站立时，面对客人，肩膀可适当倚靠车厢内壁或腰部靠在车内讲解护栏上，也可以一只手扶着椅背或栏杆（图6.4）。

在实地导游讲解时，一般不要边走边讲，应停止行走，面对客人，身体重心放在脚上，上身要稳，不可来回摇摆，表现出安定的姿势。

（2）表情

讲解时，导游人员要带有丰富的感情色彩，对不同景点、不同人群的讲解上，都应面带微笑，特别是精彩之处或游客兴致高的时候，导游人员在表情上都应有所体现。

（3）眼神交流

导游讲解是一种互动，双方可以进行“视觉交往”。游客往往可以通过调动视觉器官——眼睛，从导游人员的一个微笑、一个眼神、一个手势中加强对讲解内容的理解。

（4）手势

手势是对讲解内容的生动诠释，讲解时适当的手势不仅能够强调讲解的内容，而且能够生动地表达一些语言无法传递的内容，使整个讲解更加的生动形象。一般而言，导游讲解的手势有：情意手势——用来表达情感，使之具象化；指示手势——指向具体对象；象形手势——模拟物体（图6.5）。

【知识拓展】

带团过程中，导游员应注意

1.导游员应将表明自己工作身份的胸牌或胸卡，如导游证或领队证，按有关规定佩戴在上衣胸前指定的位置。

2.带团时，导游员应自觉携带旅行社社旗，行进中，左手持旗，举过头顶，保持正直，以便队尾的团友及时跟进。将社旗拖于地面或扛于肩头都是不合乎规范的做法。

3.手持话筒讲解时，话筒不应离嘴过近，也不要遮住口部。

4.团队离开活动场所之前，应及时提醒游客注意安全，随身携带好自己的贵重物品。

5.带团购物必须到旅游定点商店，客人下车前，要向客人讲清停留时间和有关购物的注意事项。

6.讲解时不得吸烟，进入室内公共场所，应将烟掐灭。带团行走时，不应与人勾肩搭背。候车、等人时不宜蹲歇。

【小贴士】

旅游景点游人如织、人山人海，导游员该怎么办？

在旅游旺季，景点游人如织、人山人海的盛况屡见不鲜，这也说明该景点的魅力所在。导游员在这种特殊的环境中要带好旅游团确实不容易。为了确保旅游团“走得进，拉得出”，导游员要采取超常规做法才能完成带团任务。

一般来说，导游员最好设法避开景点人流高峰时间。若实在无法避开，在旅游景点游人如织、人山人海的情况下，导游员要把讲解好景点和防止游客走散作为工作的重点。在抵达旅游景点的途中，导游员首先要把景点介绍、应该注意的问题、必要的措施等向游客交代清楚，特别是紧急应变的方法更是要强调遵守，确实做到“人人清楚，个个明白”。在旅游车上介绍景点时，最好采用详细述说法，目的是为了弥补在景点讲解时的不足。其次，旅游车到达景点后，导游员要再次向游客交代清楚停车地点、车牌号、车型、集合时间以及下一个游览景点的名称，同时和游客对好钟表时间。若游客有统一的胸卡或旅游帽等，导游员要提醒他们佩戴好，并告诉他们保管好自己随身携带的钱包物品。下车后，导游员要高举社旗，行走速度要快慢得当，每隔一段时间就要清点人数。在景点中要尽量避免走入十分拥挤的通道，一有机会就要向游客介绍景点内容，此时最好不要让游客自由活动，导游员不仅要眼观六路、耳听八方，而且要随时注意游客周围的动向，发现问题及时处理，确实保护好游客的生命和财产安全。

任务3　旅游活动服务

【案例导入】

地接导游小韩在接待某旅游团过程中，考虑到游客长时间坐车比较疲惫，匆忙办理完入住手续后，并未向游客讲解处理各种突发状况应注意的问题，当晚酒店发生火灾，有两名游客因没有采取积极措施，造成部分烧伤。

【任务分析】

小韩的做法有哪些不妥之处？遇到火灾，导游应该怎么做？

旅游涉及吃、住、行、游、购、娱6个方面。导游人员工作的性质和任务，不仅只是景点的介绍、讲解和导览，还包括了旅游过程中许多其他方面的一些工作。简单地说，导游工作涉及游客在游览过程中的一切需要。让客人玩得尽兴、游得尽兴，是导游工作者的职责。

6.3.1　住店礼仪

1）导游入住的礼仪规范

作为导游人员，一般情况下都是随同客人一起入住饭店，特别是全陪导游。在入住饭店过程中，导游应掌握相应的礼仪规范，更好地展示自身良好的职业素养。

（1）导游入住礼仪

平等对待饭店服务人员，彼此尊重劳动和人格，并有礼貌给予合作。

（2）了解饭店服务业务

了解入住须知、服务项目、收费情况等资料，在客人需要时提供帮助。

2）导游对客的服务规范

（1）介绍饭店设施

导游人员在即将到达饭店时，应向客人介绍即将入住的饭店的基本情况，包括位置、星级、名称、主要设施及注意事项等，以便客人事先有所认识。

（2）协助办理入住手续

一般情况下，入住手续由领队或全陪办理，但对地陪来讲，应协助完成，这既是对客人的尊重，也可以掌握游客房间号，以便及时为客人服务。

（3）照顾行李进房

游客出门旅游，很多人都会带大件行李。导游人员应仔细核对到店行李，督促饭店送行李进房，以免出错。如出现行李丢失，导游应安慰游客，积极帮助寻找。

（4）其他问题处理

安排客人入住后，不可迅速离开，往往入住后，会遇到一系列问题，如房间设施损坏、房间卫生达不到标准、电视开不了等。如果导游人员分完房就走了，是一种不负责任的表现，容易引起游客的反感情绪。因此，导游人员应当在客人入住后停留适当时间，以便解决相应问题（图6.6）。

6.3.2 就餐礼仪

【案例导入】

案例 1：团中央举办“第 2 届全国手拉手夏令营”活动，由各地共青团委协办，主要是在延安进行革命传统教育。此次活动是由陕西 Q 旅行社国内部承办。当时正逢旅游高峰期，客房与用车都十分困难，再加上活动旨在让参加夏令营的同学们接受教育，所以接送车全是军用大轿车，住宿都是一般的招待所。其他团都未有争议，然而海南团的领队表示强烈不满，要求换车，换住宿，陕西 Q 旅行社在协调和解释无果的情况下，本着“宾客至上”的原则，将其住宿换为三星级宾馆。但由于用车实在紧张，无法换车，客人表示谅解。再加上导游的服务无微不至，与大多数团员相处十分融洽，使此次旅游圆满结束。

案例 2：洛阳 GJ 旅行社接待了 JBW—9710 日本旅游团，委派导游谢某为全陪随团服务，谢某为提取回扣，向客人建议将原定餐食改为“洛阳水席”，并进行了言过其实的夸张宣传，当客人询问是否需要增加费用时，谢某答复水席标准不会超过原定餐饮标准。但当客人面对“洛阳水席”的汤汤水水时，发觉与谢某宣传的不相符，连呼上当。不料，第二日，谢某又向游客宣布，因“水席”标准超过原定标准，故需加收少量餐费。对此，部分团员表示不满，但因已食用了“水席”，不得不交出超支餐费。

事后，游客投诉该旅行社。谢某则称，为了使客人品尝地方风味，作了夸张的宣传，但动机是好的，而客人食用“水席”加收餐费理所当然，并无不妥。

图6.6 图片来源：百度图库

图6.7

【任务分析】

案例 1 中，如果你是导游，你会如何跟客人协调？
案例 2 中，如果你是导游，该如何处理游客的投诉？

旅游团队就餐，一般是便餐、自助餐和风味餐。不管是哪种就餐形式，都需要导游人员认真对待，因为恰当的团队饮食安排能够使旅游活动变得丰富多彩，加深游客对旅游目的地的印象（图6.7）。

1）提前落实用餐的时间、地点、人数和标准

提前落实用餐的时间、地点、人数和标准，这是对导游人员的基本要求，也体现对客人的尊重，有效保证餐饮的质量，使游客一到餐厅就能有热情的服务，不用等菜太久，极大地节约时间。

（1）合理安排餐食

宗教人士、部分少数民族的饮食禁忌不能大意疏忽。如穆斯林通常不吃猪肉并且不喝酒，佛教徒不吃荤腥和气味刺鼻的食物。有的游客，出于生活环境和地域差别，对饮食也有所禁忌。不同国家对饮食偏好往往也大不相同。导游员必须了解客人的需求，针对其饮食特点尽量兼顾。

（2）引导客人入座

引座，是导游人员对客人的礼遇。导游人员协助餐厅工作人员把客人引入事先预订好的位置，并向客人介绍就餐餐厅的特色及其上桌的菜肴，让游客有宾至如归的感觉。

2）注意客人用餐情况，及时解决可能出现的问题

为了能让客人满意地用餐，导游人员切记不可安排客人用餐后就自行离开，还应在用餐过程中巡视一两次，注意客人用餐情况，是否存在不满意现象，检查餐厅是否按照预定标准上菜，如发现相关问题或有客人提出意见，应及时与餐厅联系解决问题。

【小贴士】

游客要求自己点菜，导游员该怎么办？

游客为何自己点菜的原因大概有这么几条：旅游团队的饭菜不合自己的口味；自己喜欢吃感兴趣的菜肴以及特色风味；与同桌的团友有意见，闹矛盾；想换个环境，体现身价等。

导游员首先要问清游客为何自己点菜的原因。然后，可针对不同原因采取不同的措施。一般来说，游客若坚持自己点菜，导游员要耐心解释旅游团队餐是按照协议和旅行社的规定按标准提供的。若游客自行点菜用餐，不但餐费自理、综合服务费不退，而且旅行社也将受损失。与此同时，导游员要协助餐厅服务员将游客另作安排，餐间也要关心游客的用餐情况等。

6.3.3 交通礼仪

【案例导入】

北京某旅行社组的一个旅游团，原计划乘8月30日1301航班于14：05离京飞广州，9月1号早晨离广州飞香港。订票员订票时该航班已经满员，便改订了3105航班（12：05起飞），并在订票通知单上注（注意航班变化，12：05起飞），计调由于疏忽，只通知了行李员航班变化时间而没有通知导游，也没有更改接待计划。8月30号上午9时，行李员发现导游留言条上的时间和他任务单的时间不符，经过提醒也没有引起导游的注意。导游也没有认真检查团队机票的起飞时间，结果造成误机的重大责任事故。

【任务分析】

导游人员在安排游客乘坐交通工具时应该注意哪些事项？

飞机、轮船、火车是旅游团队的交通工具。在带团过程中，导游人员也常常陪同游客一起乘坐，知晓乘坐交通工具的礼仪是十分重要的。

1）乘机

乘坐飞机时，协助空乘人员提醒客人遵守民航总局和各航空公司相关规定。服从空乘人员的要求，对空乘提供的服务应给予配合及感谢。导游人员及时了解团队成员乘机情况，如有游客身体不适或遇到其他问题，应告知空乘人员，并积极协助其帮助游客。飞机降落滑行期间，应督促游客在座位坐好，不急于取行李。待飞机停稳后，组织游客有秩序下机，并走在旅游团的前面，及时与前来接机的地陪联系。

2）乘火车

导游人员上车后，应为游客开道，找到座位，协助游客摆放行李并安排其坐好。乘车期间，导游及客人应遵守社会公德，注意文明礼貌。

火车到站，导游应提醒游客带好自己的行李，必要时协助游客搬运大件行李。下车时，应走在旅游团最前面，并在站台清点人数和行李，以免丢失。及时与接站人员取得联系。

3）乘船

客轮扶梯一般比较长且陡，级数较多。因此，导游员带游客上船前，应提醒大家注意安全，并在途中照顾老人和孩子，让其走在自己的前面。

在船舱内不要吸烟，尤其不能躺在床上吸烟。若是晕船，应到洗手间呕吐，不要吐在船舱或甲板上。在行船途中，遵守有关规定，不要对附近船只挥动衣物或手帕，不要在甲板上或船舱内大声喧哗。

【小贴士】

根据旅游法和交通法的规定，旅游团队行李超重，超重费一般应由游客自己支付。这个是有法律明文规定的。

国际航线免费行李额分为计重免费行李额和计件免费行李额两种。

1. 计重免费行李额

按照旅客所付的票价座位等级，每一全票或半票旅客免费行李额为：一等舱为 40 千克（88 磅），公务舱为 30 千克（66 磅），经济舱（包括旅游折扣）为 20 千克（44 磅），按成人全票价百分之十购票的婴儿无免费行李额。

2. 计件免费行李额

按照旅客所付的票价座位等级，每一全票或半票旅客的免费行李额为两件，每件长、宽、高三边之和不得超过 158 厘米（62 寸），每件重量不得超过 32 千克。但持有经济舱（包括旅游折扣）客票的旅客，其两件行李长、宽、高的总和不得超过 273 厘米（117 寸），按成人全票价 10% 购票的婴儿无免费行李额。

6.3.4 参观游览礼仪

参观游览是导游工作中最重要的一个环节，指的是在旅游期间导游人员带领游客对一些名胜古迹、博物馆、艺术馆等进行实地考察游览、观看。

1）参观游览一般礼仪

（1）选定项目

导游人员应根据访问目的、性质和游客意愿、兴趣、特点等来选择合适的参观游览项目。对年老体弱者不宜安排过多的项目，对心脏病患者不宜安排登高。预订的团队游，可事先了解其要求，提出方案，让对方确认。一旦方案确定，不宜改变。如果旅游目的地情况有变，很难实现一些参观项目，可如实相告，并作出适当解释，以求谅解。

（2）安排日程

当参观游览项目确定后，应制订详细的活动计划和日程。在旅游团到达后，导游仍要与游客，特别是领队核对和商定日程，原则上，日程不作大的调整。

（3）讲解服务

讲解是导游人员的基本功，在讲解过程中也要注意以下礼仪规范，树立良好的服务形象。

工作走在前面，端正讲解姿态，尽可能为游客讲解景点相关知识，遵守导购职业道德。

2）参观博物馆、美术馆等场馆礼仪

①服装整洁。进入场馆，大型背包和雨伞等需寄存，避免刮碰到艺术品。

②场馆内禁止吸烟、禁食、禁饮，保持场地整洁。一般场馆都禁止使用闪光灯，不可用手触碰展品。

③参观过程中，避免高谈阔论，缓步前行，避免冲撞他人（图6.8）。

图6.8 图片来源：百度图库

【小贴士】

进入寺院发现大雄宝殿内的香客特别多，导游员该怎么办？

逢年过节或是每月的初一、十五以及佛、菩萨的佛教节日，寺院里总是人山人海，人流如潮。导游员带领旅游团进入寺院后，发现大雄宝殿内的游客特别多，为了保证导游服务质量以及旅游接待计划不受影响，此刻，导游员可采取灵活多变的接待方法。

首先，导游员在带团出游前要认真阅读旅游接待计划，尽量避开寺院人流量高峰时间。一般地说，寺院内有佛事活动，人流量高峰在早晨，下午到傍晚前要相对好些。若是导游员事先不清楚把旅游团带去"凑热闹"，那也没关系，因为寺院内的香客和游人似涌向岸边的浪潮，一浪高过一浪，导游员可以等大雄宝殿内的香客和游人退出以后安排游客进去参观游览。另外，导游员不妨在大雄宝殿门前向游客介绍讲解，也可以先参观游览其他殿堂，最后再带领游客进入大雄宝殿。总之，导游员要灵活多变，但要掌握一个原则，即浏览程序可变动，景点讲解不要缺少。

游客（特别是外国游客）在参观游览时，看到寺院内有许多人以及善男善女在燃香拜佛觉得好奇，他们有时会向导游员提出许多与之有关的问题，其中就会有人向导游员请教烧香拜佛的礼仪。作为导游员，有义务来满足游客的好奇心，必要时可做些拜佛的示范动作，并适当解释这些礼仪的规矩。

导游员首先可以向游客讲解一些中国汉化佛教的知识，并告诉他们由于中国古代把单数看作是阳数，认为它是吉利的数字。在古代，等级较高建筑的大门上，所有门钉为单数，佛教中宝塔层数大多也是单数，另外还有“三跪九叩”之说。所以，在寺院内烧香时，每位香应该是 3，5，7，9 或者更多（如今寺院敬香大多数为把数）的单数，这不仅符合烧香规矩，而且是“吉利”。至于为何要烧香，佛教上也有说法，因为人间与佛国相距甚远，人们在求佛时，那燃起的烟香会升天而去，便可把“信息”传递给佛国。因此，人们在拜佛时要烧香就是这个道理。关于如何拜佛？你可这么介绍：据唐僧《大唐西域记》载，致敬之式，其仪九等。发言慰问；俯首示敬；举手高揖；合掌平拱；屈膝；长跪；手膝及顶；五轮俱屈；五体投地。五体亦名“五轮”，二肘、二膝及顶称为五轮。

6.3.5 购物礼仪

导游服务中，购物是一个敏感话题，但作为旅游的六要素来讲，购物又是其中的一项，对此要正确地认识和把握：不管游客是否购物，购物多少，前后的态度都应一致，不能将购物与判断客人好不好挂钩。

世界各个国家都十分重视具有当地特色的旅游商品的开发、生产和促销，也将其视作是争夺游客的魅力所在。通过合理的、具有特色的购物活动，可以增加旅游收入，提高当地旅游的宣传和吸引力。

1）导游人员需要注意的方面

为了更好、更有效地促销商品，最大限度地满足游客购物需求，导游人员要注意以下几个方面：

（1）思想重视，态度积极

任何一个导游人员必须认识到，满足游客的购物需求是导游服务工作的重要内容之一，带领游客购买称心如意、货真价实的当地特色或代表性商品是导游的义务和责任。

（2）热情宣传，熟悉商品

游客在旅游过程中最想买的往往是具有当地地方特色的土特产品以及用作纪念或馈赠亲友的商品、纪念品。为了满足不同游客的购物需求，导游人员应尽可能多地了解商品的产地、质量、使用的价值、何处销售以及大概的价格等，并主动热情地向他们宣传，当好购物的参谋。

（3）了解对象，因势利导

要促销商品，了解游客购物要求、购物心理、购买能力以及购物愿望是必不可少的。有针对性地提供购物服务，才能达到购物的目的，让客人满意。

2）推销原则

（1）从游客购物要求出发

导游人员不可过多地安排购物时间和购物地点，切记强加于人，更忌讳拉客人到自己的“关系户”购物，牟取私利。

（2）实事求是

介绍商品要实事求是，价格要合理公道。不得以次充好，以假乱真。不得恶意抬高商品价格，欺骗游客。

总之，导游人员应遵守导购职业道德，不要唯利是图，给旅游行业、导游职业抹黑（图6.9）。

图6.9 图片来源：百度图库

【小贴士】

游客晚间想出去购物，导游员该怎么办?

游客晚间想出去购物，其原因也是多方面的，比如，有的游客晚间没事做想去逛商场，有的是兴趣爱好，有的购物“任务”没完成，还有的想去“凑热闹”，等等。 游客晚间想出去购物，作为导游员一般要给予满足和协助，必要时可陪同游客一起前往，并且当好游客的“参谋”，热情介绍和指导游客购物。若导游有事一时走不开，也要做好以下几项工作：

1. 提醒游客妥善保管好自己的钱包。
2. 提醒游客带好饭店店徽或名片，以防迷路。
3. 建议游客去定点商店或大型正宗的商场，并为其写好商店名称与地址。
4. 为游客安排好出租车。
5. 关照游客要尽早回宾馆。
6. 告诉游客返回宾馆后要和导游员取得联系，等等。

6.3.6 娱乐活动礼仪

1）文艺晚会组织礼仪

①节目选择具有本国本地区民族风格的，可酌情安排来宾所属国或地区的节目，尽量不安排带有政治色彩、宗教色彩的节目。

②安排座位一般以第七、八排为佳，如有包厢，入座包厢最好。

③准备相关节目说明书，特别是有外宾的话，要印制英汉两种文字，有条件的话，最好有来宾国文字的说明书。

2）出席文艺晚会礼仪

①及时答复。接到请柬，都应尽早答复是否可以出席。

②应邀到场应提前数分钟，对号入座，如无座次，应到现场了解座位安排，入座后应脱帽。

③演出进行中应遵守秩序，保持肃静，不可大声交谈、咳嗽，更不可打瞌睡。在国外看演出，最好事先了解节目内容和故事情节，现场尽量少说话，不要引起周围观众不满。

演出场所禁止吸烟，更不能嗑瓜子，吃零食。在节目表演中，不要随意鼓掌、叫好，不要吹口哨。

3）导游人员在带团观看文艺演出时的礼仪

（1）观看节目前

观看节目前，要向游客介绍节目大概内容、发车时间及停车位置、注意事项等。到达剧场后，要介绍剧场设施、洗手间位置，安全通道的情况等。

一般情况下，要提前到达剧场，最好引导客人入座。在观看节目中，要照顾好游客安全，并提醒游客不可单独活动。

（2）节目结束后

散场后，按照游客心理，都想尽快离开剧场，但是由于观众较多，加之部分游客有上洗手间等情况，导游人员的工作的重点就是要防止游客走散。可事先约定，让游客在剧场某处空旷地点集合，然后再给需要上洗手间的客人时间，最后清点人数（图6.10）。

图6.10 图片来源：百度图库

【案例阅读】

四川 ZL 旅行社承办的由成都发往昆明的“蓝叶号旅游专列 5 日游”，组团人数逾千人，是旅行团里的“巨无霸”，但缺点却无处不在，致使游客怨声载道。首先，无端耗费时间。

由于此团是一个超级旅行团，抵达昆明后，仅来火车站接客的大客车就达20多辆，还要求统一行动，因交通拥挤不堪，光编队过程便多耗费了游客1个多小时。而且，大型车队行驶起来并不快，比正常行车多花半个小时，导致游览景点的时间大大缩短。其次，吃饭也成了大问题。在“七彩云南”吃自助餐时，因人太多分两轮轮换吃，由于旅行社负责人安排不当，吃饭场面混乱，浪费惊人，气氛紧张，以致最后一批客人吃饭时无碗可拿，无饭可吃，无菜可夹，只有乱哄哄地胡抢。再次，组织工作漏洞大。团队下榻滇池边的福保文化城时，居然有两三百人安排不上铺位，第二天又因双方接待单位闹矛盾，大队人马被迫搬出福保文化城，被安置在荒郊野外并非二星级标准的疗养院。在“世博会”吉鑫园大宴会厅里集体进餐时，组织方竟要求游客以不进餐方式向接待方施压，游客成了双方纠纷的筹码。而且，因人太多导游已形同虚设，几乎见不到导游的身影了。

【思考】

1. 营销超级旅行团要注意什么事项？
2. 超级旅行团的游览线路如何安排？
3. 在接待方式上如何调整？

任务训练　导游服务情景模拟

教训目的	学习实践导游接待主要环节
先修与并修	并修
学习内容	1.导游迎、送客礼仪规范。 2.景点讲解礼仪规范。 3.协助客人入住酒店礼仪规范。 4.服务客人就餐礼仪规范。
学习目标	1.规范完成迎、送客工作。 2.景点讲解服务符合礼仪要求。 3.客人入住酒店环节符合导游工作规范要求。 4.服务好客人就餐。
评价标准	1.形象与身份是否符合。 2.迎、送礼仪所涉及的站立位置、表情、言谈礼仪是否规范。 3.景点讲解过程中行为、手势、表情是否规范。 4.客人入住酒店时是否做到对客服务规范。 5.是否熟悉就餐环节要求，能否正确引导和安排客人就餐。

项目 7 航空礼仪

人们通常认为，航空服务是一种温馨暖情的直接性服务。其实，航空服务是一种文化气息十分浓厚的活动，要求从事者有较高的文化素养。现在许多专业人士提出知性服务的观点，即航空服务人员应提供给消费者最贴心周到的服务，让他们消费得舒适且舒心，并且需要航空服务人员具有相当的职业知识。否则，仅凭其口出柔音软语，极尽奉承拉拢与钻研人际关系之能事，可能会事与愿违，甚至引发许多纠纷，引来不快。可见，具备相当的职业知识和职业技能，对于空中服务人员顺利完成接待任务，提高服务质量和效率是至关重要的。职业技能是指航空服务人员因工作需要应具备的技术、技巧和能力，包括语言规范、仪表规范、行为规范。

任务1　认识航空服务工作

【案例导入】

航班中餐饮礼仪

某日在飞往某地的航班上，客舱乘务员正在为旅客提供正餐服务。机上的正餐配备有两种热食供旅客选择，当餐食供应到25A时，旅客想用的牛肉饭刚好没有了，一位普通舱的乘务员很热心的到头等舱找了一份餐食送到这位旅客面前，说："对不起，先生，头等舱刚好剩了一份餐，您用这份餐食吧。"旅客听后不但没为这位乘务员的热心服务所感动，反而满脸不悦地说："头等舱吃不了的给我吃？我也不吃。"由于乘务员解决问题缺乏语言技巧，其善意非但没有得到旅客的理解和感谢，反而招致旅客的满腹牢骚。如果该名乘务员换个更为灵活的表达方式，例如："先生，真对不起，您需要的餐食刚好没有了，请您稍等，我会尽量帮助您解决的。"这时，乘务员再到头等舱看看是否有多余的餐食可供其旅客选用。拿到餐食送到旅客面前时可说："先生，我将头等舱的餐食提供给您，希望您能喜欢，您下次乘坐我们航空公司的飞机时，我一定首先请您选择我们的餐食品种。"

【任务分析】

在空乘服务中，服务意识对服务结果的影响。

7.1.1　航空服务礼仪的本质

航空服务礼仪包括服务和礼仪两个大方面的内容。具有良好素质和能力的服务者可以在服务过程中营造出令人愉快的氛围，使服务者、被服务者和服务环境间的关系达到和谐统一，这种和谐统一的美就是优质服务。航空服务礼仪作为一种规范，是航空服务人员的行为准则，具体是指地面服务人员及空乘人员在地面及客舱服务中的各服务环节，从票务、值机、安检、客舱迎接旅客登飞机、与旅客的沟通，到飞机飞行中的供餐、送饮料，为特殊旅客提供特殊服务等都有一整套行为规范。

7.1.2 航空服务礼仪的原则

航空服务礼仪的准则具有普遍性、共同性和指导性。这些航空服务的礼仪准则实质就是航空服务礼仪的原则。掌握航空服务礼仪的原则很重要，它是同学们今后学习航空服务礼仪和运用航空服务礼仪的重要指导思想。

1）航空服务礼仪的原则

①航空服务人员要具备细心、耐心、责任心、爱心和贴心，注重观察并时刻去发现他人的需求，及时给予帮助。

②航空服务人员要学会察言观色，从顾客的表情和言语中理解客户心理。

③航空服务人员应善于沟通，对待不同的人要用不同的语言和方式让乘客接受你的帮助。

④航空服务人员对自己的行为仪态需要有特别的规定，熟知常用服务动作。

⑤航空服务人员应时刻加强应变能力，提高发现问题和解决问题的能力。

⑥航空服务人员在面对特殊乘客——老弱、病残、儿童、初乘、孕妇、重要旅客等时，应更加规范服务礼仪。

⑦航空服务人员应用谦虚服务的态度正确处理投诉问题。

⑧航空服务人员应具备规范的礼仪、规范的服务用语以及规范的服务动作。

⑨航空服务人员言行与情绪语调应温和亲切，音量适中，普通话规范。

2）航空服务礼仪的重要性

①有助于提高航空服务人员的个人素质。

②有助于表达对旅客的尊重。

③有助于提高航空公司的服务质量和服务水平。

④有助于塑造航空公司的整体形象。

⑤有助于提高企业的经济效益和社会效益。

7.1.3 航空服务的岗位职业道德

从各航空公司考察应试者的面试过程中，都可以直接反映出航空公司对于航空服务人员这一职位的要求以及对人才的需求。首先，飞机客舱服务是民航运输服务的重要组成部分，它直接反映了航空公司的服务质量和服务水平。在激烈的航空市场竞争中，直接为旅客服务的空姐的形象和工作态度，对航空公司占领市场、赢得更多的回头客起着至关重要的作用。其次，民航地勤服务人员的仪容仪表、服务意识和职业道德基础、服务语言、应变能力、社交能力等也体现了服务质量和展示企业形象的作用。所以，作为一名专业、合格的航空服务人员，其应具备的岗位职业道德主要包含：

1）热爱自己的本职工作

当自己理想中的航空服务人员的生活被现实辛苦的工作打破后，还能一如既往地主动、热情、周到、有礼貌、认真负责、勤勤恳恳、任劳任怨地做好工作，依然能坚守岗位。

2）有较强的服务理念和服务意识

在激烈的市场竞争中，服务质量的高低决定了企业是否能够生存，市场竞争的核心实际上是服务的竞争。民航企业最关心的是旅客和货主，要想在市场竞争中赢得旅客，就必须提高服务意识和服务理念。服务意识是经过训练后逐渐形成的。意识是一种思想，是一种自觉的行动，是不能用规则来保持的，它必须融化在每个航空服务人员的人生观里，成为一种自觉的思想。

3）有吃苦耐劳的精神

航空服务人员无论是在天上飞的空姐，还是在地面工作的地勤都是令人羡慕的职业。但是，在实际工作中，航空服务人员却承担了人们想不到的辛苦，工作中遇到的困难和特殊情况随时都会发生。如果没有吃苦耐劳的精神，就承受不了工作的压力，做不好服务工作。

4）热情开朗的性格

航空服务人员的工作是一项直接与人打交道的工作，每天会面对成千名旅客，所以要随时和旅客进行沟通。没有一个开朗的性格，是无法胜任此项工作的。

5）刻苦学习业务知识

一名航空服务人员，需要掌握的知识众多，如人文地理、航线地理、经济情况、飞机的设备、紧急情况的处置等，这就要求航空服务人员不仅具备外在美，也要有丰富的内在美。

6）学会沟通

不同的服务语言会有不同的服务结果。例如，对重要旅客的说话技巧、对发脾气旅客的说话技巧、对航班不正常时服务的说话技巧等都要掌握。在航空服务中，一句话往往会带来不同的结果，所以，要学会沟通这门艺术。

任务2　空乘服务

【案例导入】

用情动人，以礼服人

一次北京至珠海航班上，头等舱满客，还有5名VIP旅客。乘务组自然不敢掉以轻心。2

排D座是一位外籍旅客，入座后对乘务员还很友善，并不时和乘务员做鬼脸儿开开玩笑。起飞后这名外籍客人一直在睡觉，乘务员忙碌着为VIP一行和其他客人提供餐饮服务。然而，两个小时后，这名外籍旅客忽然怒气冲冲地走到前服务台，大发雷霆，用英语对乘务员说道："两个小时的空中旅客时间里，你们竟然不为我提供任何服务，甚至连一杯水都没有！"说完就返回座位了。旅客突如其来的愤怒使乘务员们很吃惊。头等舱乘务员很委屈地说："乘务长，他一直在睡觉，我不便打扰他呀！"说完立即端了杯水送过去，被这位旅客拒绝。接着她又送去一盘点心，旅客仍然不予理睬。作为乘务长，眼看着飞机将进入下降阶段，不能让旅客带着怒气下飞机，于是灵机一动和头等舱乘务员用水果制作了一个委屈脸型的水果盘，端到客人的面前，慢慢蹲下来轻声说道："先生，我非常难过！"旅客看到水果拼盘制成的脸谱很吃惊。"真的？为什么难过呀？""其实在航班中我们一直都有关注您，起飞后，您就睡觉了，我们为您盖上了毛毯，关闭了通风孔，后来我发现您把毛毯拿开了，继续在闭目休息。"旅客情绪开始缓和，并微笑着说道："是的！你们如此真诚，我误解你们了，或许你们也很难意识到我到底是睡着了还是闭目休息，我为我的粗鲁向你们道歉，请原谅！"说完他把那片表示难过的西红柿片360度旋转，立即展现的是一个开心的笑容果盘。

【任务分析】

谈谈你对这个事件的理解，并说说还能想到什么样贴心周到的服务方式来避免类似误会事件的发生。

7.2.1 空乘服务职业素养

①较强的亲和力。
②舒心的问候。
③雅洁的仪表。
④得体的语言。
⑤诚恳的态度。

7.2.2 空乘服务职业形象

空乘人员的职业形象包括内在的和外在的两个主要方面。内在的包括职业素养、服务技能和精神风貌；外在的包括仪容、仪表、仪态、气质、语言和肢体行为等。空乘人员要有塑造职业形象的良好意识，保持干净的容颜，规范着装，面带亲切的微笑和具备高贵优雅的气质。

1）空乘人员仪容仪表基本要求

仪容洁净、卫生、自然；着装统一整洁，佩戴服务标志，不穿拖鞋、响钉鞋；前发不遮眼，后发不披肩；坐站规范端庄，不跷腿；精神饱满，彬彬有礼；微笑服务，态度诚恳、热情、周到。

图7.1　图片来源：百度图库

图7.2　中国国际航空公司

【知识拓展】

仪容仪表的具体内容

1.男士

（1）发式

头发需勤洗，无头皮屑，且梳理整齐、不染发、不留长头发，定期修剪，以前不遮额、侧不盖耳、后不触领为宜。

（2）面容

忌留胡须，养成每天修面剃须的良好习惯。面部应保持清洁，眼角不可留有分泌物，鼻孔清洁，平视时鼻毛不能露于鼻孔外。如需戴眼镜，应保持镜片的清洁（图7.1）。

（3）口腔

保持口腔清洁，早、午餐不能吃葱、蒜等有异味的食品，不得饮酒或含有酒精的饮料，不得在工作时间吸烟。

（4）耳部

耳郭、耳根后应每日清洗，不可留有皮屑、灰尘，不得佩戴耳饰。

（5）手部

保持手部清洁，要养成勤洗手、勤修剪指甲的良好习惯，指甲不得留长。

（6）体味

应勤换内外衣物，保持清新、干净，给人良好的感觉。

2.女士

（1）发式

头发需勤洗，无头皮屑，且梳理整齐。长发应盘于脑后，并用公司统一配发的发夹进行装饰，短发应拢于耳后，不得遮面。

（2）面容

面部应保持清洁，眼角不可留有分泌物，鼻孔清洁。如需戴眼镜，应保持镜片的清洁。

工作时应化淡妆，以淡雅、自然为宜，不得使用色彩夸张的口红、眼影（图 7.2）。

（3）口腔

保持口腔清洁，早、午餐不得吃葱、蒜等有异味的食品，不得饮酒或含有酒精的饮料。

（4）体味

应勤换内外衣物，保持清新、干净，给人良好的感觉，可喷洒适量香水，但忌使用味道过于浓烈的香型。

（5）耳部

耳郭、耳根后应每日清洗，不可留有皮屑、灰尘，不得佩戴耳饰。佩戴耳饰应以佩戴一副耳钉为宜，不得佩戴过多或过于夸张的耳饰品。

（6）手部

养成勤洗手、勤修剪指甲的良好习惯，定期修剪指甲，其长度不得长于 2 厘米，可涂用透明、无色指甲油。

2）空乘人员仪态的礼仪规范

（1）站姿规范

①女乘务员。采用标准站姿或丁字步站姿。双手可自然重叠于腹部，右手在上，四指并拢交叉，双腿并拢或两脚成丁字形，禁止叉开双腿（图7.3）。

②男乘务员。采用基本站姿或标准站姿。双手自然下垂，或重叠于腹部，右手在上，两脚并拢或与肩同宽。

（2）坐姿规范

采用标准坐姿。上身应正直而稍向前倾，双手自然放置于腿上，双腿合拢放在中间或侧面，双膝合拢（图7.4）。

（3）走姿规范

上身挺直，目光平视，收腹立腰，双臂在身体两侧自然摆动，步态稳健，动作协调，走成直线（图7.5）。

图7.3 华夏航空公司

（4）蹲姿规范

采用高低式蹲姿，女乘务员着裙装时，应采用交叉式蹲姿。

（5）手势使用规范

使用规范手势为客人服务。

【阅读材料】

微 笑

在社会交往中，微笑是最廉价的装饰品，但却能获得朋友或客户的欣赏、喜欢、宽容或谅解。有时，它能够为我们的交往和工作锦上添花。航空服务中不可缺少的就是微笑，它是一个很简单的动作，嘴唇微微牵动便可完成。登机时，乘客听到的第一声问候若能伴着真

图7.4 华夏航空公司

图7.5 东方航空公司

诚的微笑，他的心情也会因此而愉悦起来。有时，微笑也能够为我们的生活雪中送炭，在为客服务的过程中产生误解或是陷入僵局，诚恳的微笑就会散发强大而持久的穿透力，直到消融尴尬的气氛，这相比干巴巴的道歉或解释，也许，更能获得客人的谅解。然而，有时微笑却又十分昂贵，并非所有人都能轻松拥有。虚假的微笑如同一个吹弹可破的谎言，经不得观看或体会。完美的微笑需发自内心，它会牵动眉宇、唇齿和面部肌肉，经由表情、语气和动作散发出来，容不得虚假和伪装。真正的微笑是要与心情契合的，它需要一颗善良、豁达、懂得感恩的心作为基础。它能够映衬出一个人的心境，表现出一个人的态度，反映出一个人

图7.6 韩亚航空公司

的心理。只有一个热爱生活，有着练达的处事作风的人，才能有饱满而健康的微笑。它能让我们表达爱、欢喜、惬意和好感；它能让素昧平生的人成为朋友，陌路相识的人彼此帮助。在为客服务时，空乘人员的微笑可以有：诚恳的微笑，这种笑是发自内心的，没有做作的表情，诚恳的笑是能让人产生依赖感的；纯洁的微笑，不妨想象一下像婴儿的笑容，先从眼睛露出微笑，然后笑容慢慢扩展至整个脸部，整个表情的产生让人感觉很自然。这是最具感染力的笑容，没有丝毫庞杂的念头，只是映衬着内心情感的一个简单动作；温暖的微笑，它来自眉宇的配合、身体的配合和心情的配合，我们经常可以看到杂志封面上漂亮的模特，却不感到亲切，原因很简单，如果将他们微笑的嘴盖起来，看到的却是一双冷漠的眼睛。一张面孔的表情应该是和谐统一的(图7.6)。

7.2.3　空乘服务职业的用语规范

在服务过程中，语言得体清晰、纯正悦耳，就会使旅客有愉快、亲切之感，对服务工作产生良好的反映；反之，服务语言不中听、生硬、唐突、刺耳，旅客会难以接受。强烈的语言刺激，会引起旅客的不满与投诉，严重影响航空公司的信誉。服务用语的规范事关服务质量和服务态度，所以，认真掌握用语规范和用语技巧，是提高服务质量的关键，它是架起航空公司和旅客之间良好沟通的桥梁，是客舱文化的重要组成部分，是旅客对服务质量评价的重要标志之一。

1）空乘服务用语

①乘务员为旅客服务时，原则上使用普通话和相应的外语，语言亲切、自然。

②服务时，须正确使用基本礼貌用语："您好""您早""欢迎登机""马上就来""对不起""打扰您了""您辛苦了""让您久等了""再见"等。

③头等舱、公务舱旅客采用姓氏称呼，对重要旅客采用"姓氏＋职务"称呼。

2）空乘服务用语的禁忌

①乘务员的言谈举止须避免粗俗用语，严禁使用侮辱语言（包括方言）。

②不得扎堆聊天。

③除服务需要，禁止使用方言。

④禁止使用易使旅客产生不满情绪的或过激的言语。如："真麻烦""等着吧""自己看""不知道""别问我""不是我的事""真笨"等。

⑤在客舱内和厨房内说话应该轻声，不允许对旅客评头论足。

⑥不允许打听旅客（尤其是女宾）的年龄、薪金收入、衣饰价格和其他私事。

⑦不与旅客大声谈笑。

⑧避免与旅客谈论政治问题。

3）特殊情况时的服务用语

遇到突发状况和紧急情况时，乘务员要起到指挥作用，尽最大可能保障旅客的生命安全。此时，乘务员的语言要干净有力，体现出作为客舱安全使者的果断，这就要求语言要简明扼要，如“服从我的命令”“听从指挥”“动作快”“到这边来”“跳”等语言。

【知识拓展】

与旅客交谈的方式

1. 与旅客交谈时，要姿势端正，可采用稍弯腰、稍屈膝或下蹲等动作来调节体态与高度，使目光平视旅客或低于旅客的眼睛，与旅客谈话的距离保持在适当距离（45~100厘米）。

2. 与旅客谈话，切忌边走边讲，手不要放在口袋里，或双臂抱在胸前，不要依靠座椅靠背，或坐在扶手上。谈话时耐心倾听，不宜看手表，忌打听旅客的隐私，不宜打断旅客谈话。

7.2.4 特殊旅客的空乘服务礼仪规范

1）服务对象

①老年旅客：65周岁以上不能自理。

②婴儿：出生后14天~2周岁。

③儿童：2~12周岁；无成人陪伴儿童：5~12周岁。

④孕妇：36周以内。

⑤伤残旅客：盲人，聋哑人，四肢有障碍，坐轮椅的人。

⑥担架旅客。

⑦羁押旅客。

⑧重要旅客。

⑨超胖旅客。

2）服务礼仪规范

①特殊旅客比普通旅客需给予特殊的礼遇和照顾。

②禁止让特殊旅客坐在应急出口的位置。

③随时掌握特殊旅客的需求，以便第一时间照顾到他。

④服务特殊旅客应更加有耐心。

任务3 地勤、安检服务

【案例导入】

2007年7月某日MU5142航班（太原—上海），一位旅客投诉："在飞机降落时想要去洗手间，被乘务员阻止，旅客认为乘务员在解释时有不尊重她的意思。"经向旅客电话了解，旅客说，刚广播了飞机下降后，想上洗漱间，到后舱后，乘务员以飞机下降不安全为由阻止旅客上洗手间，告知旅客期间该乘务员与其他机组成员聊天说笑。旅客认为，既然是以安全为由，乘务员尚且闲聊说笑不以身作则，怎么能谈得上安全，认为该乘务员不灵活。分析：乘务员在按规定执行的同时应灵活掌握原则。当刚广播飞机下降时，10分钟之内可以灵活掌控，让旅客使用洗手间的同时善意提醒旅客飞机下降可能有颠簸，请扶好，同时委婉提醒旅客飞机已开始下降，请稍快一些。手册要求离飞机落地10分钟所有乘务员应坐好、系好安全带，此时如有客人要求用洗手间应婉言阻止，告知其危害性。

【任务分析】

在要求旅客的同时，乘务员应怎么做？

7.3.1 地勤服务的礼仪规范和用语要求

安全、快捷、舒适是机场航空运输的集中表现，地面服务工作正是实现其工作的一个重要组成部分，更是展示机场直接面对旅客的窗口。地勤服务人员的言谈举止、服务态度是国内外旅客对机场的第一印象，在一定程度上体现了当地经济发展的水平和人文素质。

1）地勤服务人员的仪容仪表

①仪表要求：庄重、亲切、健康、自然（图7.7）。

②女员工发型：整洁、大方，不得遮掩面部，不得染色。

③男员工发型：不可过长或过短，不得留长鬓角，前不过额头，后不及领口。

④服饰：上岗时，必须穿着规定的制服，并保持完好清洁。大衣只限外场，到达行李转盘巡视和行李查询人员按规定统一穿着。应穿着黑色或不带任何饰物的深色皮鞋。

⑤工作时间内，必须佩带机场禁区通行证和姓名牌。

2）地勤服务人员的仪态

①站姿。要保持身直、挺胸、两肩平正，给旅客留下挺拔的印象。

②行姿。要"轻、稳、灵"，禁止勾肩搭背、嬉戏打闹。

③坐姿。要稳，身体稍微前倾，目光平视前方。

④蹲姿。要轻蹲轻起、直蹲直起，忌突然蹲下，离人过近。

⑤手势。要稳妥、自然、到位，五指并拢，掌心朝上，手掌微向内倾与地面呈45°斜角，目光与所指方向一致。

⑥目光。要和善、真诚、自然、主动迎送，3米之内应用目光、微笑等友善的肢体语言与旅客打招呼。

3）地勤服务人员的用语要求

①地勤服务人员的语言要诚恳、自然、大方、谦虚；语调语音温和可亲，语速快慢适当，表达得体；工作场所必须使用普通话和相应的外语。

②交谈用语要谦虚文雅，多用“请”“您好”“对不起”“麻烦您”“好的”“打扰了”“再见”等文明敬语。

③对于旅客的问题，要回答迅速、准确、耐心，坚持有问必答的原则。严禁使用“不知道”“不清楚”“没办法”“无可奉告”等语言。不得直接或间接地对旅客使用攻击性和侮辱性语言。

图7.7 华信航空地勤服务

图7.8 上海浦东机场安检人员

7.3.2 安检服务人员的礼仪规范和用语要求

安检工作既有检查的严肃性，又有服务的文明性。安检人员长年累月地为祖国和世界各地旅客服务，一言一行影响着中国民航的形象，也影响国家和民族的声誉，每个员工都要自觉摆正安全检查与文明执勤服务的关系，摆正个人形象与国家民族声誉的关系，纠正粗鲁、生硬等不文明的检查行为，做到执勤姿态美、执勤行为美、执勤语言美，规范文明执勤的管理，塑造安检队伍良好的文明形象。文明执勤，热情服务，是安检人员职业道德规范的重要内容，也是民航安检职业性质的具体体现，充分反映了“人民航空为人民”的宗旨。安全检查的根本任务是为人民服务，为旅客安全服务，我们通过文明的执勤方法、优质的服务形式，来实现这个根本任务。

1）安检人员执勤的礼仪规范

举止端庄，站有站相、坐有坐相，说话和气。使用文明用语，爱护旅客行李物品，耐心解释旅客提出的问题。不吃零食，不吃有异味食品。尊重旅客风俗习惯，检查动作规范。

2）安检人员仪容仪表规范

制服干净整洁；男女发型自然大方；讲究卫生，仪容整洁；不浓妆艳抹，不戴奇异饰物（图7.8）。

3）安检人员的文明用语要求

（1）验证岗位

①您好，请出示您的身份证（或相关证件）和登机牌。

②对不起，您的证件与规定不符，我需要请示，请稍等。

③谢谢，请往里面走。

（2）前传、维序岗位

①请把您的行李依次放在传送带上；请通过安全门。

②请稍等；请进。

③请各位旅客按次序排好队，准备好身份证件和登机牌，准备接受安全检查。

（3）人身检查岗位

①请将您身上的香烟、钥匙等金属物品放入筐内。

②先生（女士）对不起，安全门报警了，您需要接受手工检查。

③请摘下您的帽子。

④请转身，请抬起双臂。

⑤检查完毕，谢谢合作，请收好您的随身物品。

（4）开箱包检查岗位

①对不起，请您打开这个包。

②对不起，这是违禁物品或限带物品，按规定不能带上飞机。

③对不起，水果刀不能随身带上飞机，您可交送行人带回或办理托运。

④谢谢合作，祝您一路平安。

4）安检人员执勤时的服务忌语

①冷漠、不耐烦、推托。

②不当称呼。

③斥责责问。

④讽刺轻视。

⑤生硬蛮横。

⑥催促命令。

⑦随意下结论恐吓。

【知识拓展】

乘机人礼仪

在现代社会生活中，飞机已经成为非常普遍的交通工具之一了，但是您知道乘飞机有什么特定礼仪吗？

1.乘飞机原则

（1）飞行中方便他人

①厕所。尽量迅速，少让他人排队等候。飞机上厕所有限，长时间等候会增加遇到颠簸而出现意外的概率。

②脱鞋。长途飞行想舒缓脚部的，请留意是否有异味影响别人，不要将脚跷在前排座位上或机舱隔板上。

③椅背。椅背放下或调直时，都先确认后排乘客情况，最好打声招呼，避免矛盾。就餐时，请主动调直椅背，方便后排乘客。后排乘客也请留意，少用膝盖顶前排椅背。

④孩子。随行大人有责任认真看护好自己的孩子，尽量不要让孩子在过道中奔跑、追打。要引导孩子说话小声，出现哭闹，及时安抚，并向周边乘客表达歉意。

⑤拍照。拍照时，尽量关闭闪光灯，以免影响他人。取景时，尽量避免将无关的其他乘客纳入，以免引起纠纷。未征得同意，不要拍摄空姐或其他机组成员工作场面。

⑥就餐。打开热食包装时，注意烫手或有汤汁溅出。通常餐食按照乘客数量配置，若没吃饱，请等乘务员发餐完毕后再去询问是否还有多余餐食。

⑦纠纷。和机组成员或其他乘客发生纠纷，请保持冷静，等飞机落地后联系警方或航空公司处置，切忌冲动。

⑧落地。检查自身行李和物品，不要遗失。建议将座位周边整理干净，带走垃圾，减轻保洁人员负担，也为后继航班留下良好环境。

（2）得体行为指南

①如果有人想和你换座位，以便能更好地照顾家人或朋友，答应这个请求。有一天你也会有这种需要。

②机舱是公共空间，如果和伴侣出行，请不要当众做出让人尴尬的亲热举动，这会让邻座的人不太舒服。

③准备登机时，请查看自己的登机牌，对号入座。只有在机舱门关闭后，才可以换到

其他座位上去。

④不要和你的邻座喋喋不休，也不要隔着其他人和同伴聊天。在封闭机舱里，会让其他人感觉烦躁。

（3）请严格按照空乘的指引

①三调整。起飞前和降落前，要确认自己座位椅背已调直，小桌板已收起，遮阳板已拉起。前两项是保障紧急状况下能及时疏散乘客，不会产生意外伤害，后者是保证对窗外动态的观察。

②毛毯枕头。国内段航班，携带的毛毯和枕头都非常有限，不能保证人人都有，尽量将有限的毛毯和枕头留给体弱者和孩子。

③行李。放置行李时，要特别留意纸袋物品是否会有物品甩出伤到他人。如果你头顶的行李箱已放满，请遵守空中乘务员安排放到其他地方。

④电子产品。起飞前和降落前，确认手机、电脑等所有电子产品均处于关闭状态，包括飞行模式也已经关闭，直到飞机完全停稳后再开启。

⑤登机。请按照工作人员提示，按次序登机。现在比较流行的顺序是：需要帮助的老弱残人士、带小孩者、头等舱和公务舱旅客、航空公司金卡银卡旅客、后舱乘客、前舱乘客。

⑥就座。上飞机后，尽快就座。

2. 乘飞机注意事项

（1）飞机上不允许抽烟

（2）空乘不负责帮忙抬行李

（3）卫生间礼仪

①请自备消毒湿巾。

②检查冲水开关的位置。如果找不到开关或者不知如何使用，请询问空乘。在入厕之前，请务必学会冲水。

③找到纸质的一次性马桶座圈垫。一般是一个半开的盒子状的东西，就在左右的墙壁上挂着，里面有白色的一次性马桶垫。

④如厕之后，湿巾、手纸以及用过的马桶圈垫都可以扔进马桶里冲走。如果是男士小解，请不要忘记用湿巾或者纸巾将马桶圈擦拭干净。

⑤有些卫生间内有为女孩子提供免费的应急卫生巾，还有面巾、香水、纸、牙刷、梳子之类的，不同的航空公司福利各异。有时还可以找到多余的呕吐袋。

（4）飞机点餐时的礼仪规范

①很多航空公司都会提供机舱内的送餐服务。

②如果你需要素食餐、低热量餐、果盘、糖尿病特殊餐、犹太教餐、欢乐儿童餐、纯水果餐、无面筋麦麸餐或者无盐餐等特殊餐，可以在订机票的时候提前预订。

③如果你是通过官网自己预订的机票，可以通过勾选特殊餐种类选项来预订。如果你是通过旅行社或者票务公司来订票，也可以把你的要求跟负责订票的机构说。当然，前提是该航空公司提供特殊餐预订服务。

④需要注意的是，如果你是乳糖不耐症或者花生过敏症患者，航空公司将无法为你提

供特殊餐。因为谁也不能够完全保证在航食制作过程中不接触花生或者奶制品。

⑤注意，有些人上了飞机之后不想吃东西，对空乘说我先睡，睡醒了之后再吃热菜。这一行为是不提倡的。

⑥如果你实在过于疲倦，不想被任何人打扰，各大航空公司一般都会在椅背置物袋里面放有“请勿打扰”的不干胶贴。

⑦当然，如果你想先睡，却不想错过用餐服务，航空公司也有那种“请在用餐时叫醒我”的不干胶贴纸，你贴在眼罩上就放心睡吧。用餐时，空乘自然会叫你的。

⑧还请注意，飞机的经济舱内是只能够保证每人有餐，却不能够保证你点的是你所想要的那种餐。所以，如果你想吃鸡肉米饭却只剩下了牛河面，不要吵嚷着要投诉，因为飞机上的航食就这么多，只能够加热，无法给你们现做。

任务训练　空中乘务及地勤服务情景模拟

教学目的	学会空中乘务的微笑、站姿、走姿礼仪，学会分别掌握地勤不同服务岗位的服务礼仪以及无论在空中服务还是地面服务发生突发状况时，都能有效地处理并控制自己的情绪，提高自己的忍耐心。
先修与并修	并修
学习内容	1.学会空中乘务的迎宾礼仪、微笑和问候礼仪。 2.学会在空中服务过程中与旅客进行良好的沟通。 3.学会地勤岗位，如讯台、值机和旅客登机的服务礼仪。 4.处理特殊情况时，情绪稳定，提高忍耐度。
学习目标	熟练掌握空中乘务应具备的礼仪姿态，学会地勤服务礼仪。能够准确应付各类问题，并学会控制情绪，有效提高自我的忍耐程度。
评价标准	1.明确空中乘务礼仪的内容，建立对空中乘务礼仪的概念。 2.明确地勤服务各个岗位的服务接待礼仪，熟悉各个岗位的工作程序。 3.通过各种状况的情景模拟，建立良好的情绪。

项目 8 高尔夫礼仪

高尔夫是一项历史悠久的户外运动项目。高尔夫礼仪要求被列入了规则的首章，可见它是进行这项运动的重要组成部分，也是区别于其他运动项目的特点之一。高尔夫规则中包含了对他人的尊重、谦让，爱护环境，着装要求等礼仪内容，高尔夫球选手的行为规范比其球技更重要。球打得差没关系，即使是初学者，如果懂规则、守礼仪，照样会赢得尊重。相反，即使球技再高超，但是举止粗俗，恶习连连，也会受到他人的鄙视。球童是高尔夫运动项目的从业者，是协助客户整个打球过程中服务的主角，是球会中陪同客人时间最长的人员。因此，球童不仅要严格遵守高尔夫运动的礼仪要求，而且更应该是这项绅士运动礼仪的倡导者和示范者。

任务1　认识高尔夫球童

【案例导入】

曾担任过美国著名球员老虎伍兹球童的史蒂夫·威廉姆斯被誉为世界第一球童，其部分原因在于他在为伍兹服务的12年中，老虎赢得71场美巡赛冠军和14场大满贯赛中的13场。在这12年中，威廉姆斯收入达到800万美元，甚至高于一些职业球手。他的收入大部分来源于伍兹的比赛奖金，在欧美高尔夫巡回赛上，球童根据选手比赛奖金进行分成，一般是冠军奖金的10%，前10名是奖金的7%，其他名次是奖金的5%。

【任务分析】

请用高尔夫球童的职责分析球童收入的来源。

8.1.1　球童的定义

球童是每个球员打球必不可少的协助者。高尔夫规则明确地给出了球童定义：球童是指在打球过程中为球员携带和管理球杆并按照规则帮助球员的人。

1）球童的任务

在高尔夫个人比赛中规定，球员只能向自己的球童征询助言，且每个球员只能有一名球童。“助言”是指任何能够影响球员打球决断、球杆选择或击球方法的劝告或建议。从上面的规则中我们可以看出，一位优秀的球童不仅只是为球员背包和捡球，更重要的是为球员提供有效的“助言”，从而帮助球员提高打球成绩。

2）球童应具备的知识和能力

（1）熟悉高尔夫知识

对国内大多数高尔夫打球者来说，他们对高尔夫的历史、文化、打球常识、礼仪、规则了解得不多或不够全面，在长达4个多小时的打球过程中，球童是他的伴随者，在遇到高尔夫知识相关问题时，球童应为打球者答疑解惑。因此，球童应熟练掌握高尔夫相关知识，才能为球员提供更好的个性化服务。

（2）准确的距离判断能力

高尔夫运动对球员击球距离的准确性要求很高，不同的距离、球位使用的球杆不同。在打球时，大多数球员对球场不够熟悉，这就需要球童提供最佳落球点的距离，便于球员选择相应的球杆击球。如果球童所报距离短10码可能导致球手打球下水或进沙坑，多报10码可能冲出果岭，这样会严重影响球员的成绩。因此，球童应具备根据球场高差、障碍区位置、果岭走向、风向准确地判断落球距离的能力。

（3）良好的身体素质

在陪伴球员打球的过程中，每场球行进的距离在6~10千米，同时，还要携带球员的球包，没有良好的身体素质是很难胜任的。

（4）遵守礼仪和运用规则的能力

高尔夫是一项健康、高尚、文明的运动，球童是高尔夫球场上的精灵，遵守礼仪要求是对每一位球童的基本要求。同时，熟练运用规则，合理帮助球员脱困是球童必备的技能。

8.1.2 球童的职责及作用

高尔夫运动的特殊性赋予了球童更多的职责。表面上看，球童只是替球员保管球包、递球杆等，但实际上已经成为球员的左膀右臂，担当着向导、搭档、心理医生、场地指导等多重身份。我们可以将球童形象地称为“球手的军师”。

1）球童的职责

（1）提高球会的形象及声誉

在高尔夫球会员工中，球童所占的比例最高，也是与球员接触时间最长的人，球童的言行举止既体现了本身的素质修养，又反映了球会的管理水平。客人评价球会的好坏除了球场管理水平外，球童的服务能力是最重要的因素。球童应通过提高自身的综合素质、熟练的服务能力来提高球会的形象和声誉。

（2）携带和管理球员的装备

球员在打球过程中，打出的球碰到自己的球包、球杆、杆头套、球车、标记等装备要被罚杆，而球童是管理球员装备的直接责任人，因此，在清洁球具、摆放装备的服务过程中，应杜绝上述事件的发生，为球员营造安全、宽松的击球环境。

（3）为球员提供有效的“助言”

球童依据规则协助打球者打球，提供本球场资料（各种状态下正确的距离、风向、障碍物及果岭倾斜度等）、球杆选择、打球方法建议，让球员参考。

（4）维护球场

球童在陪伴球员打球的过程中，还要负责修护球道中因客人击球而造成的伤痕（补沙、补草）、捡起垃圾及修复果岭上的凹痕等工作。

2）球童的作用

（1）球童是球会形象的宣传者

随着我国高尔夫运动的不断发展，高尔夫球会也在不断地增长，球会之间的竞争日益加剧，服务质量的好坏，直接影响球会的竞争力，球童为球员提供的优质服务的过程就是宣传球会，提升球会形象最有效的途径。

（2）球童是高尔夫礼仪的倡导者

每一位高尔夫运动的爱好者，对高尔夫礼仪都有从不了解到熟悉的过程，在这个熟悉的过程中，球童是最直接的示范者，球童要用自己的言传身教去倡导规范的高尔夫礼仪，以营造良好的打球环境。

（3）球童是球员打球的协助者

无论球员打球水平的高低，在下场时都离不开球童的帮助，球童根据规则为球员保管好球包等携带品，根据球员的需要提供有效的助言，确实能协助球员提高运动成绩。

（4）球童是高尔夫知识的传播者

在中国，高尔夫运动还不为大多数人了解，甚至在被妖魔化的情况下，作为高尔夫运动的从业者，有责任也有义务将这项健康运动的历史、运动方法、相关知识让更多的人群了解并认识，将高尔夫“谦虚、自律、包容、进取”的精神传播给大众，让人们接纳并喜欢这项运动，以营造高尔夫运动良好的社会环境。

任务2　高尔夫球童服务

【案例导入】

通用电器CEO杰克·韦尔奇曾经是一名球童，他并不因为曾经当过球童而觉得难堪，“我还是没有失去做球童的感觉”。他总是很自豪地向人们说起他的那段历史。“从我主动成为马萨诸塞州沙龙县肯伍德乡村俱乐部的球童那一刻起，对这项运动的热情就已经注定要贯穿我这一生。这项运动把我最喜欢的两样东西结合起来了：人和竞争。”在他的自传中，这样告诉大家。

【任务分析】

怎样才能建立一个良好的高尔夫球童职业形象？

8.2.1 球童仪容、仪表

球童的对客服务贯穿球员从进入球会至打球后离开整个始终，为了使整个服务得以顺利开展，从而建立良好的互信关系，球童应注重仪容仪表，利用好所学的首轮效应知识，给球员留下良好的印象（图8.1）。

图8.1

1）仪容

总体要求：美观大方，干净利落，衣着得体，恰到好处的修饰，亲切真实的微笑。

（1）须发

①男士。不留胡须，每日刮胡，普通发型，不染异发色，后不盖领，侧不过耳，前不遮眼，整齐无油污头屑。

②女士。普通发型，使用深色发卡和头花，不染异发色，长发扎起，前不遮眼，整齐无油污头屑。

（2）面部

干净整洁，女球童画淡妆，可以使用淡味普通香水。

（3）手部指甲

双手干净，指甲不过指尖，指甲内无污渍滞留，修剪整齐，女士不涂有色指甲油。

2）仪表

（1）服装

上班着统一工作服装，要求干净、整齐、得体、无破损、无丢扣。口袋内装物不凸显。熨烫平整，无污渍。如无工装，着运动服，高尔夫体恤下摆需扎入裤腰内。

（2）鞋

鞋要内外干净，着无破损的运动鞋。

（3）装饰品

不佩戴耳环、项链、胸针、手环、指环。

（4）识别证

规定识别证要正确佩带。

8.2.2 球童服务细节

1）出发前

①上班后马上签到，然后进行清洁、整饰仪容、整理携带品，准备随时轮班出发。

②服装须整洁，仪容化妆宜清雅分明，准备随时可以随打球者出发。

③擦拭球面，勿忘携带毛巾（湿）沙袋及Ball Mark记分卡等。

④球员没到来之前在室内静候，看看书或熟记高尔夫规则及比赛规则。

⑤轮到自己出发时，再次检点服饰、仪容。

⑥开球前10分钟到开球区等候，而且重新确认是否开球。

2）在发球台上

①与球员礼貌打招呼，并自我介绍。

②给球员提供障碍区等球场情况。

③请球员确认球杆及物品。

④球员开球时，及时递杆、保持安静。

⑤球童递杆给球员时，须看清球员使用球的品牌，并记注球的颜色、号码或任何记号，以便找球时可清楚辨认打球者的球。

【拓展阅读】

开球时球童所站的位置和服务礼仪

1. 打球者在击球时，球童须站在打球者正面距球约5码的地方，有时因气候关系，球童则须站在球飞向的后方，切记不可妨碍打球，除了传递球或用具以外，尽量不走上发球台（图8.2）。

2. 打球时，打球者全神贯注，球童此时切勿咳嗽、打呵欠、谈笑或发出任何声响，亦不可以移动位置以免自己影子打扰打球者。

3. 在轮换打球之际，宜保持安静，切勿打扰别的打球者，更不应挥动自己保管的球杆。

4. 如果球被击出后飞向球道，球童须全神贯注其飞行，不可心有旁骛。若前面有障碍物，而球可能落入时，须牢记该目标物，朝此方向前进，若有浓雾无法确知球的落处时，应确实判断距离，朝此方向寻找。

3）球道

①球童跟随打球者应在球员右后方2~3步为宜，到达球落的地方，须走到离球2~3步前停步，先报距离，根据球员要求递交相应球杆（图8.3）。

②球落在不易看清楚地方时，须快步先行，不可跟随打球者之后，如果球落在不易找寻的地方，同组球童应协助寻找。

③球一经击出到入洞为止，切忌以手触摸，除非得到打球者的吩咐，无论如何是禁止碰球的。

④球童之间切忌笑谈或私语，不得任意评论球员技术好坏，真心赞美球员打出的好球。

⑤其他球员击球时，应驻足静观，盯住球飞行的方向，不得走在打球者前方。

⑥及时回答球员的问询，并提供助言。

4）果岭

①当同组的每一位球员把球打到果岭上，而预备推杆时，球童应照管旗杆（图8.4）。

②标记和清洁球。

③指示推球线。

④修理果岭上的球印。

5）打球终结后

①勿忘交还代管东西。

②清洁球杆及球，清查数量。

③擦拭球杆时，木杆切勿用铁丝卷等擦拭，杆头上附有球漆可用布擦，若尚难拭去，则不必勉强擦拭。

8.2.3 球童语言及沟通技巧

球童要有意识地观察球员的需求，换位思考，从球员的角度出发，感受他们的心理活

图8.2

图8.3

动。有的人喜欢边打球边和球童聊天、开玩笑，有的人喜欢安安静静地打球。打球的人性格各异，球童的服务要善于“察言观色”“量身订做”，根据不同的对象进行个性化服务，而不宜千篇一律。

1）发球台的沟通技巧

①客人到达发球台后，首先向客人问好。

②请客人确认球杆及物品数量：您有×支球杆，对吗？

③向客人介绍球道情况时，应根据不同客人的打球水平给予不同的提示。

图8.4

【拓展阅读】

向客人报知球的落点时应注意的说话技巧

1. 当你看到客人的球向水障碍区或OB桩滚去而又暂不能确认球是否已经进入时。

你不能断然地说：“您的球已经下水或OB了。”或是说：“X先生球下水啦！”

而是应该说：“您的球有点危险，建议您先打一个暂定球。”

2. 当你可以准确确认客人的球进入水障碍区或OB时。

你不能说：“哎呀！下水啦！哎呀！OB啦！”

你应该说：“对不起X先生/小姐，您的球下水或是OB了，请您重新打一个球。”或说：“不要紧的，我们下一杆救回来。”注意：在这时“我们”这个词的含义及作用，可以让客人感觉到很贴切，会对你的整体服务起到意想不到的结果。

但要注意，在我们平时的服务中不同于正式比赛，只要不是违背球会球场管理规定的，我们都尽可能地满足客人的打球方式，比如，你已告知客人的球已经下水，需重新打一个球时，客人偏不重打，也不按照规则处置，而是到球的落水处随意抛打时，我们的球童就不要非按规则来处理，而应按照客人要求的方式执行（正式比赛除外）。

3. 当客人打出好球时，球童应及时给予客人称赞。

2）球道上的沟通技巧

①遇到需要去寻找危险球或视线看不到的球时，须加快脚步提前到达，尽可能在客人到达时将球找到，如果实在没能把球找到，很抱歉地向客人说：“×先生/小姐，对不起，很抱歉，我没能帮您找到球！”

②根据客人的要求及时提供相应的球杆，递送球杆时以球杆握把一端递向客人。

③若前组球员没走出安全区时，劝阻本组客人稍后打球。

【拓展阅读】

找球的技巧

1. 因为球杆杆头经过球时大约只有 0.15 秒的时间，如果你待球出去以后再看球的飞行弹道，很有可能已经看不到球飞行的方向了，加之大部分客人经常打出左 / 右曲球。这时，你就要在球员未击中球前就将眼睛盯住球，并跟着球出去的弹道一直看到球落点位置到球停下来的地方。记住，你需要练就一手看球落点时不眨眼睛的本领。

2. 球员打出的球看不到最终落点时，你要对本球场一草一木都了如指掌，什么位置有一个井盖，什么位置是斜坡等都要尽可能了然于胸。同时，根据球落下时所经过的物体，如树木、山坡等，看清楚球是在物体前方落下还是在物体后方落下，这样你才有机会在短时间内找到球，也就不至于让球员等很长时间，以至于受到客人的投诉。

3. 在球道上向客人报知球距果岭旗杆距离时，不要说绝对的数字。如距离旗杆还有 23 码、127 码、219 码等精确距离，应以 10 码为单位报，并在前面加一个“大约”，如现在距离旗杆大约 20 码、130 码、220 码等。

3）果岭上的沟通技巧

果岭服务是体现球童好坏的重要因素，因此，努力掌握好果岭的服务流程与技巧是我们球童服务中的重点。

①在服务过程中，当得到“OK”球和先行时，球童应致谢。

②当你帮球员摆好推球线后，出现没有推进去的情况时，这时，你的服务既要达到安慰客人的效果，同时还不让客人认为是因为你的原因而造成的。

【小贴士】

服务的语言技巧

1. 注意与他人打招呼

向对方打招呼时，对方会感觉受人尊敬并给人亲切的感觉。

2. 避免使用命令式的语言，多用请求式的语言

如：(1) 这里不适合用 3 号木杆，试一下 p 杆（命令式）。

(2) 使用 p 杆比 3 号木杆更好，试一下 p 杆好吗？

3. 要少用否定句，多用肯定句

4. 采用先贬后褒法

先讲缺点，后讲优点 = 优点

先讲优点，后讲缺点 = 缺点

5. 常用问题引导法

应引导球员识别自己的需要，自己找到答案。

6.“非语言”技巧

要注意眼神的交流，眼睛会流露很多信息。

任务3　提升球员内涵

【案例导入】

我们会经常听到一些球员抱怨碰到不懂高尔夫礼仪的打球者，他们要么在场上大声讲话，要么不按顺序开球，要么在果岭上踩到别人的球线，严重影响了其他人的打球情绪。仔细分析后发现，并不是对方故意和你作对，而是因为他们刚刚入门，对礼仪缺乏了解的缘故，即使一些老球员也可能在不知情的情况下做出不合礼仪、影响同伴打球的举动。如果有人能适时对他们加以指点，相信大多数人是很愿意接受并改正的。所以，在你同组打球的球友当中，如果有不熟悉高尔夫礼仪的同伴，你应该适时地向他提出，注意一定要采取善意的方式，这样能使你们双方都获益。

【任务分析】

打球者下场打球时有哪些礼仪要求？

8.3.1　高尔夫基本礼仪

1）安全第一

①不要对着有人的地方击球或练习空挥杆，因为击出的球或无意间打起的石块、树枝和草皮有可能打中他人。再者这也是不礼貌的行为。

②注意不要在有人走过身旁的时候挥杆，同时也不要在别人挥杆时从其身旁走过。

2）保持安静

保持高尔夫球场安静的环境十分重要。打球时，球员需要全神贯注，任何响动都有可能影响击球的质量。所以，在场上讲话时必须压低嗓音，即使你同组球员不介意，你也要照顾附近其他组打球客人的需要。此外，切忌在球场上跑动。在场上跑来跑去会引起其他球员分心和烦躁，还会损害草皮。必要时，应尽量轻轻地快走。

3）控制打球速度

球员都希望尽情享受打高尔夫球的乐趣，但谁也不想一整天都耗在球场。如果球员在两次击球之间等待时间过长，会影响他们打球的情趣而失去击球的动力。所以，为了大家的利益，打球时不要延误时间。

【拓展阅读】

保持适当打球速度的几点建议

1.每次击球之前只做一次挥杆练习，然后马上击球。记住：如果你每场球打120杆，每次都额外用 30 秒钟做练习的话，加起来你每场球就要多花 1 小时。

2. 在轮到你击球之前作好充足准备，不要等轮到你时才开始考虑用哪根球杆，或决定是直接打过水还是对着水障碍区前方打保险球——最好趁别人击球时提前考虑周全。

3. 当走向果岭时，观察好下一洞发球台方位，然后将球杆摆放（或球车停放）在果岭距离下一发球台较近的一侧，这样打完该洞后可以少走弯路，既节省体力又不会耽误时间。

4. 紧随前面一组球员。当他们离开果岭时，你应该已经作好击球准备。不用介意后面一组会不会赶上你，只要注意与前一组保持合适的距离和打球速度就行了。

4）不要让球击中前一组球员

保持合适的“打球速度”会有助于你紧随前一组球员，不影响后面组的打球。紧随前组的同时，须在前一组所有球员都离开击球距离范围之后再开始打。

5）“Ready Golf”——让准备好的球员先打

如果不是参加比赛或其他正式场合，平常打球每次击球时，同组球友之间可以让准备好的球员先打。前提是与同组球员事先达成共识，说明本场球将打“Ready Golf”，这样同伴就不会认为你不懂规则，相反还会感到你的绅士风度。

让准备好的球员先打，有助于加快打球速度，但击球之前必须确定同组所有人都知道你将要击球。同时，你也知晓其他人当时所在的位置，因为你不想让球击到在场的任何人，当然你更不想出现同组球友同时挥杆的场面。

8.3.2 打球过程中的礼仪

初学打球的人都愿意多花心思在学习挥杆击球上，其实除了打球技巧，上场之前先了解一些高尔夫的基本礼仪常识同样重要。

1）上场之前的礼仪须知

（1）打球的着装要求

打高尔夫球对着装有特别的规定，这是高尔夫文化的一部分。一般的会员制俱乐部通常会要求上身穿着有领有袖的体恤衫，不允许球员穿圆领汗衫、吊带背心、牛仔系列服装、超短裙、过短短裤等服装下场。有些俱乐部还规定不允许穿任何样式的短裤下场，有些则对短裤的样式和长度有所规定，如不能短于膝盖以上4英寸等。至于高尔夫球鞋，目前大部分俱乐部出于保护草坪的需要，规定在球场上只能穿着特制的胶钉球鞋（图8.5）。

（2）预订发球时间并准时到达

一定要提前预订打球的时间，守时是高尔夫球员必备的素质之一。俱乐部的发球时间，特别在周末和节假日都排得很紧凑，所以，至少在预订的发球时间10分钟之前到达出发站等候工作人员通知开球。

（3）球场上请关闭移动电话

打球时，应尽量避免携带移动电话。如果必须携带，下场之前请关掉铃声。

图8.5

图8.6

（4）使用更衣室

通常球会会所都设有更衣室和更衣柜供球员使用，如果你需要在打球之前更换服装，即便只是换双鞋也请到更衣室。

（5）安排好随行人员

假如你前往俱乐部需要其他工作人员跟随，应请提前询问有关的事项，并关照随行人员遵守俱乐部的规章。此外，若你需要随行人员陪你一起下场，即使不打球，他们也必须按照俱乐部的规定着装。俱乐部为了控制球场人员流量，会收取随行人员相关的陪走费用。

2）如何驾驶高尔夫球车

驾驶球车时应保持匀速行驶，以避免由于加速发出较大的噪音。行车时，应时刻关注周围的打球者。一旦发现有人正准备击球，就必须停下来，等到他击球之后再发动球车继续行驶。

由于所处季节和球场状况的不同，球会将实行不同的球车行驶规则，最常见的有两种：

①球车只限在车道上行驶。

②90度规则。该规则要求球车主要在车道上行驶，到达与落球点平齐的位置后，可转弯90度直角，横穿球道直接开到球位旁。待球员击球后再将球车按原路开回球道继续向前行驶。通常球场上会有标示牌指示球车行驶及停放的区域，球员应严格遵照执行。

3）发球台上的礼仪

发球台是每个洞打球开始的地方，发球台礼仪的关键是为他人着想。任何多余的动作或声响，或视线余光中感觉到的任何移动都可能导致发球失误。

（1）应该使用哪组发球台打球

每个球洞都有3~5个发球台，可以让不同水平的球友同组打球。所以，每一个球员都应选择适合自己的发球台（图8.6）。

（2）不击球的请靠边站立

同组球友轮流发球，每次只允许一个球员在发球区击球，其他人应该站在发球区标志以外靠一侧的地方，最好是在发球球员视线达不到的位置，以免让其分心。注意不能站在击球球员和球的正后方。

（3）保持安静

尊重同组球友，不要在有人准备发球及击球时交谈，或议论其他人的挥杆，同时还要避免在发球台上整理球包内的球杆发出声响。

4）球道中的打球礼仪

在球道中打球的礼仪与发球台相似，只是由于落球点不同，同组球员已经分散到球道中不同的地方作击球准备。在球道中，通常情况下，距离球洞最远的球员先击球。在击球之前，一定要确定同组其他球员的位置，判断是否该轮到你击球或让其他同伴先击球，同时，还须确保自己击出的球不会伤到在球道等待击球或正在找球的同伴。

（1）正确处理削起的草皮断片和打痕

在球道击球时杆头常会削起一块草皮，并随挥杆动作将其抛向空中。这是十分正常的现象，每次击球后，请将草皮断片捡起放回原位打痕上，再轻轻踩一踩，以帮助草皮重新生长。

（2）寻找遗失球

如果你将球打入树林或深长草后感觉很难找到，应先拿出另一个球打暂定球。

在寻找遗失的初始球时，规则规定最多只能用5分钟。如果你认为需要花更多时间去寻找，而后面正有另一组在等候，就应该让后面的组先行通过。不要因为丢失了一个球而让整个球场的运行受阻。特别是当你或你同组其他人多次发生丢球，而每次都花时间寻找时，要随时为其他人着想。拥有好的礼仪有时意味着需要将自己的利益放在第二位。

【拓展阅读】

如何在沙坑中打球

球场上布满了富于挑战性的沙坑，如果你的球不幸掉进其中一个，在击球之前，你需要了解以下与沙坑有关的“规则”和“礼仪”：

1. 从沙坑较低的最靠近球的一侧进入，不要从高的一侧爬下，因为沙坑较高的边缘不容易维护，一旦塌陷会很难修复。

2. 在进入沙坑时，事先将沙耙放到离球位近的、容易拿到的位置。

3. 由于规则禁止在击球前“测试障碍区状况”，因此不能用手抓或脚踢的方式，来测试沙子的干湿和软硬程度，更不能在击球之前让杆头碰到沙子。但可以让双脚深陷进沙子以获得稳定站位。

4. 当在沙坑打完一杆（或几杆）后，用球场提供的沙耙将沙坑中留下的所有痕迹包括球痕、打痕和脚印耙平。注意应沿原先进来的路线走出沙坑。

5. 离开之前将沙耙放在沙坑外，让沙耙的长把与球道平行（图8.7）。球员在离开沙坑时必须确保沙坑表面已经耙平，以便为后来的球员创造良好公平的打球条件。本来球掉进沙坑已经够倒霉了，谁也不愿意再看到自己的球落在哪个粗心球员留下的脚印或打痕中。

图8.7

（3）击球前应练习几次空挥杆

我们经常会遇到一些球友，每轮到他击球时，总是站在球旁不断的空挥杆。高尔夫规则对击球前的空挥杆次数没有特殊的规定，严格讲是没有限制的。但通常情况下，在场上轮到你击球时最多练习一到两次空挥杆就足够了。许多职业球员在比赛中每次根本不做任何练习就直接将球击出，因为他们知道任何延误比赛的举动都将受到处罚。一般职业比赛将球员走到球前至击球结束的时间限制在45秒内，所以他们通常一走到球位前就立即击球。当然，如果碰上等待前面的一组离开击球区域的情况，此时你就有足够时间，想练习几次空挥杆都没问题。

5）果岭上的礼仪

（1）果岭应得到悉心呵护

果岭草是球场草皮中最脆弱、最不易维护的区域，所以理应得到悉心呵护。球员在果岭上只能轻柔行走，切忌跑动，同时迈步时需将双脚抬起，以免因拖曳导致在果岭平坦的表面留下划痕。绝对不能将球车或手推车开上果岭，那样会对果岭造成无法弥补的损害。在走上果岭之前，应将球杆、球包、球车等设备留在果岭之外，球员只需携带推杆上果岭。

（2）及时修复球下落造成的果岭表面损伤

当球落上果岭时，经常会在果岭表面形成一个下陷的凹痕，也称为果岭球印。根据击球方式的不同，球印的深浅也不同。每个球员都有义务修复由自己的球造成的球印。方法是：用球座尖端或果岭修理叉沿凹痕周边向中心插入并挖起，直到凹陷部分与表面平齐，然后用推杆头底面轻轻敲击并压平实。球员在果岭上看到其他未修复的球痕时，如果时间允许，也应予以修理。如果每个人都主动修理果岭球痕，其效果是令人惊奇的。不要只依赖球童去修果岭，一个真正的球员应随身携带果岭修理叉。

（3）不要破坏别人的推击线

一旦球停在果岭上，就存在一条假想的从球位到球洞的推击线。球员应避免踩踏同组其他人的推击线，否则有可能影响球员推击的效果，这是极不礼貌的行为，是对其他球员的冒犯。

（4）确保正在推球的同伴不受干扰

当同组球员在推球或准备推球时，除了不能走动和发出声响以外，还要注意自己的站立位置，应站在推击球员视线之外，同时按规则规定，不能站在推球者推击线向两侧的延长线上。

（5）不要在果岭上停留过久

在每洞果岭当最后一位球友将球推入洞后，同组球员应迅速离开，走向下一发球台，如需要通报记录成绩，可以边走边做，不要耽误后面组上果岭。当打完最后一洞时，在离开果岭的同时，球友应互相握手致意，感谢对方与自己共度愉快时光。

作为一名高尔夫球员，首先应从点滴小事出发注意自己的言行，遵守高尔夫礼仪和俱乐部的规章，做个模范会员或宾客。这样才能成为最受员工们欢迎的客人，即使打球水平不高，也能成为最热门的打球伙伴。

任务训练　球童服务情景模拟

教学目的	模拟球童服务的整个过程
先修与并修	并修
练习内容	1.仪容仪表。 2.迎宾及自我介绍。 3.打球服务过程中的基本礼仪。 4.球童服务的流程。
学习目标	1.学会正确的装扮。 2.学会迎宾及自我介绍的方法。 3.能遵守高尔夫礼仪。 4.学会球童服务整个过程的所有工作。
评价标准	1.仪容仪表是否规范。 2.迎宾过程是否规范。 3.自我介绍流利简洁。 4.是否遵守高尔夫礼仪要求。 5.服务流程是否熟练，用语是否得当。 6.服务方法是否正确。

参考文献

[1] 陈继光. 礼貌礼节礼仪[M]. 广州：中山大学出版社，1997.
[2] 云南省旅游局. 旅游接待服务礼仪[M]. 昆明：云南人民出版社，1998.
[3] 潘彦维. 公关礼仪[M]. 北京：北京师范大学出版社，2007.
[4] 张金霞. 导游接待礼仪[M]. 北京：北京旅游教育出版社，2007.
[5] 杨茳，王刚. 礼仪师培训教程[M]. 北京：人民交通出版社，2007.
[6] 贾丽娟. 客舱服务技能与训练[M]. 北京：旅游教育出版社，2009.
[7] 金正昆. 商务礼仪教程[M]. 北京：中国人民大学出版社，2009.
[8] 金正昆. 服务礼仪教程[M]. 北京：中国人民大学出版社，2009.
[9] 伍海琳. 旅游礼仪[M]. 长沙：湖南大学出版社，2009.
[10] 任杰玉. 酒店服务礼仪[M]. 上海：华东师范大学出版社，2009.
[11] 王雪梅，杨红波. 服务接待礼仪[M]. 昆明：云南人民出版社，2010.
[12] 韩旭. 大学生社交礼仪[M]. 北京：人民邮电出版社，2010.
[13] 周思敏. 你的礼仪价值百万[M]. 北京：中国纺织出版社，2010.
[14] 王琦. 旅游实用礼仪[M]. 北京：清华大学出版社，2010.
[15] 吕欣. 旅游接待礼仪[M]. 北京：旅游教育出版社，2011.
[16] 葛益娟，张骏.导游实务[M]. 北京：旅游教育出版社，2011.
[17] 孔晓莉. 现代职业礼仪[M]. 武汉：中国地质大学出版社，2011.
[18] 彭碟飞. 酒店服务礼仪[M]. 上海：上海交通大学出版社，2011.
[19] 李金亮. 高尔夫规则细解[M]. 北京：法律出版社，2011.
[20] 韩烈保，周国庆.高尔夫概论[M]. 北京：旅游教育出版社，2012.
[21] 蒋小丰，孙跃. 高尔夫球童实务[M]. 长沙：湖南人民出版社，2012.
[22] 魏全斌. 民航安全检查实务[M]. 北京：北京师范大学出版社，2012.
[23] 黄建武. 现代商务礼仪[M]. 北京：北京邮电大学出版社，2013.
[24] 宏阔，刘小红. 航空服务礼仪概论[M]. 北京：中国民航出版社，2013.
[25] 王新. 新编公务礼仪培训手册[M]. 北京：中国言实出版社，2014.
[26] 林玉琼，梁利苹. 社交礼仪[M]. 镇江：江苏大学出版社，2014.
[27] 云南省旅游发展委员会. 导游业务[M]. 昆明：云南大学出版社，2014.
[28] 章笕. 高尔夫运动实务[M]. 北京：清华大学出版社，2014.
[29] 贺政林. 酒店服务人员礼仪培训大全[M]. 北京：中国纺织出版社，2014.